星際傳訊 STU11001

外星人選中的科學家

外星秘密工作計畫

Selected by Extraterrestrials: My life in the top-secret world of UFOs, Think Tanks, and Nordic secretaries

1

我在極機密的幽浮世界、智庫和北歐秘書的生活

威廉・米爾斯・湯普金斯
(William Mills Tompkins) ◎著
傅鶴齡◎譯

我為月球設計了多達2000人的軍事基地，
同時也在適居的行星及衛星上建立能容納600人的海軍基地。

目次

第二章 民間飛碟調查會（CSI）無預警的被解散了

CSI 告知空軍，他們已經確定 UFO 是真實的，人類是由外星人控制的，外星人似乎對我們的星球構成了威脅。空軍強制沒收了所有 CSI 的文件，他們不希望這種情報洩露給廣大的群眾。

第三章 阿波羅計劃中 NASA 的問題調查：外星人摧毀了導彈彈頭

月球是數萬年前由外星人拖到現在這個位置，那裡有成千卜萬的建築，大面積的開放區域；上千的實體、蜂箱，像透明建築物。數百個控制中心、數百萬個實驗室、軍事研究、醫學等等。

第四章　和智庫分家：如何保護地球免受先進數百萬年的外星文明攻擊　115

我們的陸軍、空軍和海軍飛行員報告了一六〇多種因種族而異的不明外星飛船，其中一些是巨大的宇宙飛船，顯然他們是有能力穿越銀河系而來。我想我們是要對抗一個有軍事力量且具有敵意的外來生命。銀河系中似乎有不同的外星文明，致力於發動詭異而危險的戰爭，這總有一天可能決定我們星球上人類的未來。

1. 一九五二年飛往月亮和火星的真正任務　120
2. 一九五三～四在智庫：杜魯門與外星人達成協議了　123
3. 星船：設計外星人識別天線接收器，以鑑別高速太空船的進入　127
4. 大問題：銀河系的資料提交給誰了？不為人知的「海軍太空基礎計劃」　129

第五章　海軍和星際星級太空任務　139

冷戰初期，道格拉斯智庫一直在分析幾乎擴及全色譜的奇怪彩雲。這團詭異「氣體般」的雲不斷掉落，是外星人控制我們思想的地外氣體；我們以某種方式被控制著，我們成為他們的作物，就像是一片田間的農作物。

第六章　燈紅酒綠的俱樂部——不可思議的外星女孩　153

「地平線計畫」是要在月球上建立一個陸軍導彈基地，以利我們對付來自邪惡帝國和邪惡外星人星球的攻擊。此計畫是開發一種非常複雜的月球海軍基礎建設，主要在設計和建造一個城市包括海軍在內的兩千人研究中心，內有海軍指揮和控制中心、先進的發電、軍事和商業對接／發射設施、海軍宇航觀測台、醫院／醫學研究、環境系統、農業研發、運輸系統、商業和住宅中心等。

第七章　為月球和火星任務進行培訓：維特魯威人時間艙（Vitruvian Man Time Capsule）　199

二次世界大戰結束時，海軍情報人員（間諜）幾乎滲透到德國每一個秘密武器包括：推進系統、火箭、飛機、不明飛行物和重水的研究基地。他們對這些地方進行定位，當敵對行動停止時，海軍情報和其他情報人員直接進入這些地點，不僅帶走研究科學家，連他們的文件和武器系統一併都成了戰利品，被整批帶到位於美國阿拉巴馬州亨茨維爾的紅石兵工廠。

第十章　別讓消息外漏：重新啟動我們的 DM-18 J-2 發動機計畫　277

地球上第一個銀河智庫成立了。蘭德合約將以研究和定位地球軌道上的軍事衛星為主，他們擁有最高的秘密通關權，甚至高於核彈。這份合約推動道格拉斯進入幻化般的技術計畫，定義了外來威脅並研究海軍防禦和進攻任務人員需要的方法和技術。這些方法主要在構思海軍太空任務和戰鬥群，並設計太空飛行器／宇宙飛船攜帶武器來對抗外星人戰鬥群。

前言／羅伯.M. 伍德博士（Robert M. Wood, Ph.D.）

比爾・湯普金斯（Bill Tompkins）多年來他一直在腦海裡寫自己的自傳，這本書是第一本他生命中早期幾個時代，從童年時期到一九六○年代末，他受聘於湯普森・拉莫・伍爾德里奇公司（Thompson Ramo Wooldridge, TRW）的故事。

我於二○○九年十一月二十四日第一次見到比爾，當時他用幾個小時濃縮了生活故事。令我興奮的事情之一是，他曾在一九五○年至一九六三年在道格拉斯飛機公司（Douglas Aircraft Company）工作，而我也曾於一九四九年、一九五○年和一九五三年夏天在道格拉斯飛機公司工作，又從一九五六年一月起直到一九九三年退休。他和我有六年的重疊時間，但彼此沒有相遇，因為最初他是一名在地面支援電子公司（Ground Support Electronics）工作的製圖員，而我自從進公司以來很少接觸過空氣動力學和熱力學以外的問題及人員。儘管如此，我們有同樣的副總裁及彼此都認識的朋友，特別是曾在「智庫（think tank）」中與他一齊工作過的關鍵人物，如埃爾默・惠頓（Elmer Wheaton）和他的德國科學顧問沃爾夫岡・克倫佩勒（Wolfgang B. Klemperer）。

他工作的故事與我記得的完全一致，儘管我並不知道當時在那個地方還有一個智庫。例如，我們都在為空軍研究雷神導彈（Thor missile），為陸軍研究耐克宙斯防空導彈（Nike Zeus）及為美國國家航空暨太空總署（NASA，爾後文中即作 NASA 稱）作土星計劃。

他向我展示了這本自傳的一些草稿，我很清楚比爾雖然在他的思想和言語中表達得非常清楚，但卻從未出過書。他問我是否願意幫助他完成他的第一本自傳出版，當然也提供一部分報酬。更多的是我想了解他的故事而不是錢，我們成了朋友，因為他告訴我越來越多有關不明飛行物、外星人技術、性感的北歐秘書、海軍宇宙飛船的載體、阿姆斯壯看到了月球和其他秘密的東西，以及他在工作中做了什麼令人難以置信的事情。

對於那些試圖精確遵循本書時間表的人，你可能會發現一些時間錯誤。例如，在阿波羅計劃正式開始之前，就有一些相關的資料。有可能是作者記成了後來用於發射阿波羅土星的合同時間。比爾書中的大多數人來自他的記憶，我們很少有人能記住大約四十年前的事情，除了再參考其他資料。我們正在閱讀一位男人回顧六十多年前的想法／回憶，誰在這裡和那裡提供見解和回憶，但有時候也會時空錯亂。

現在，您可以閱讀有關其職業生涯的驚人細節，並穿插其中他個人與相關人員的互動。

我被指責為陷入「我自己不喜歡，也從來沒有遇過的陰謀。」比爾的生活故事處於可信與不可信的邊緣，但在本書中，我完全相信他誠實地講述的故事。幸運的是，比爾保留了一些支持這個故事的照片和文件，都在相關的章節中。它們確實提升了本書作者神奇生活的可信度。

羅伯 .M. 伍德博士 於康乃爾大學
Robert M. Wood, PhD Cornell University
（以上為二〇一五年版前言）

三版（或二〇二〇版）補充

外星人選中的科學家：我在不明飛行物絕密世界、智庫和北歐秘書間的生活的讀者：

新版改變主要如下：

附圖清晰／尺寸變小但增加清晰度

插圖下字體改黑粗體

增加英文速找目錄

改進文法及標點錯誤

調整相關字體大小以更易讀

原作者比爾·湯普金斯（Bill Tompkins）於二〇一七年八月二十一日已去世，之後由我來完成上敘之修訂

編輯　羅伯 .M. 伍德博士

二〇二〇年九月三日

致謝

對我美麗的妻子瑪麗（Mary）：我從未停止過感謝上帝把你賜於我。每一個眼神，每一次觸碰，和我們分享的每一個吻，你是我生命的奇蹟，讓我的生活比我想像的更快樂。你是我的閃亮之星。我永遠的愛。

我還要感謝鮑勃．伍德（Bob Wood），他決定幫我的第一本書做見證，讓讀者對本書有可讀性，再來是對林．斯坦利（Rim Stanley）深深感激，他的大氣允許這個手稿出版；還有我的家人：我們的兒子鮑比（Bobby），雖然他已不在，但永遠和我們同在；特里（Terry），我們的女兒、她的丈夫，哈普（Hap），孫子，托尼（Tony）和孫媳史婍（Ski）；我們的曾孫，約瑟（Josh），偉大的孫女，陶爾（Tore），我們的另一個兒子，迪恩（Dean），他的妻子，米雪（Michelle），我們的孫子，丹尼爾（Denial），孫女，泰勒（Taylor）和我的兄弟湯姆（Tom）。我希望有一天，他們都能更近地看星星。我也對林（Rim）的妻子艾莉森（Alison）和他們令人難以置信的兒子羅伯特（Robert）深表感激，希望我們另一個家也能更近地看星星。

推薦序／那就是我寫的！

有外星人嗎？

在美國，這議題被政府壓制，遭媒體嘲笑、被學院排擠至少有七十年歷史。此狀況，在今年六月廿五日開始改變。

美國「國家情報首長辦公室」公布與外星人有關的幽浮報告「初步評估——未明空中現象（UAP即幽浮的別名）」。這報告分析四〇年至今年三月共一一四起多為海軍觀察到的「不明空中現象」。報告文字雖未提外星人，但美國政府已向正式承認外星人存在邁前一步，因為報告不排除幽浮科技來自外星。

美國政府公開這份對幽浮「初步評估」側面的反射一項重要的事實。那就是美府數十年來對人民大規模的蒙蔽了相關的訊息。

其實在二〇〇八年七月廿二日，阿波羅十四登陸月球的艾德格．米契爾博士（Edgar Mitchell）接受電台訪問表示，外星人已好幾次接觸人類，但美國政府隱瞞此事已達六十年。當時七十七歲的他說幽浮多次造訪地球，但事後都被美國航太總署（NASA）所掩蓋。對於米契爾的爆料，航太總署立刻澄清說從未跟蹤幽浮，並稱米契爾是位了不起的人，但在此事上我們有不同看法。

「難以相信！」

這是讀者看到此書《外星人選中的科學家：外星秘密工作計畫》難免的反應。雖然大多數人對於外星人的存在已不排斥，但此書內容太震撼了。

例如，珍珠港事變後三個月，一九四二年二月廿五日夜，美國西岸洛杉磯天空七千公尺高度出現多達十二座大型飛船，美國發射高射砲 1,430 發，無濟於事！這是當時廿歲作者親身目睹的景象，和他日後參與美國軍方所獲得的資料。

又如一九六九年美國太空人阿姆斯壯登陸月球，電視機差點就照到閃在一旁的六座太空船！這是作者參與美國極機密的太空計畫獲得的資訊。

此書原文上冊在二〇一五年出版，下冊二〇二〇年出版。作者威廉・米爾斯・湯普金斯（William Mills Tompkins），二〇一七年以九十四歲高齡過世。

他面貌祥和睿智，晚年曾數次接受艾美獎獲獎的調查記者 Linda Moulton Howe 女士電視訪問。他出書前對一般美國而言，並不陌生。而對航太圈的專家而言，他是名人。此書內容雖然具有爆炸性，網路上航太圈對此書事實的呈述和資料的引用居然未見質疑。倒是此書所描繪不同類別太空人與美國政府以及二戰時納粹德國的合作、太空人之間的較勁等等，引發讀者許多的迷惑和不解。

此書翻譯者空軍少將博士傅鶴齡留學美國專攻航太，也是極力促成此書出版的原動力。他涉獵太空人研究數十年，雖然幽浮及太空人議題在正式科學界長久以來並非顯學，甚至還遭排擠批判。

一九九六／九七年冬天，剛回國的中斌有幸首度與素昧平生的傅將軍博士會面。他聊到青海托速湖東岸半島的砂岩石洞有上億年前與砂粒一起沉積的金屬管。意涵是人類出現在地球久遠之前，已有某種文明在此活動。中斌倍感興奮的說一九八〇年代初期在美國曾經剪報一篇世界日報的長文，所說正是此事。傅將軍博士的回答，至今難忘：「那就是我寫的！」

此書對於研究美國安全外交的中斌提供了全新的資料和角度。成立於一九四八的非營利智庫蘭德公司（Rand Cooperation）如今是美國對中國戰略政策重要的機構。一般了解是它的來源和美國空軍有關。沒想到此書點出蘭德最早叫蘭德計劃（Project RAND）成立於一九四五年十二月，是美國研究對付幽浮外星人威脅而成立的極機密機構，許多要角來自美國海軍。此外，美國加州眾多飛機公司如Lockheed、Douglas Aircraft、TRW等在二次大戰後都機密的開始研究外星人和人類向太空的發展，甚至規劃未來人類向外太空星球的移民！我相信不同的讀者從此書會獲得不同的心得。

這是值得推薦的奇書。

《大災變》作者，前國防部副部長，曾任華府喬治城大學講座教授

林中斌　二〇二一年八月十八日

推薦序／用探索的心情享受這本精彩的奇幻科技歷史！

因為有共同的航太研發與產業背景，加上我與傅鶴齡博士對於較為先驅科技相關主題的興趣，我們在兩年多前就已經幾乎同時知道與購買了這本與外星文明相關的航太產業獨特傳記型的著作。所以當今年稍早被傅博士告知他願意花時間將此書翻譯為中文，讓華人讀者了解到這兩年因為美國軍方於二〇一八年起放棄將所有外星主題相關消息「機密化」或「否認化」的新聞與趨勢背景，我當然是非常支持，並且很高興為同行朋友作推薦序。

這本二〇一五年出版的英文原著，因為它有作者於二戰時親自參與德國飛碟等科技情報分析，隨後他在美國道格拉斯航太公司從事海軍星際艦隊系統與基地初始設計，以及隨後在另一家航太系統公司觀看現場直播未經刪節的美國一九六九年首次登月影像（看到一般觀眾無法看到的外星艦隊！），已經是留下非常獨特的「航太圈內人」的科技歷史珍貴記錄。作者並且在二〇一七年逝世之前兩年內，以93／94歲高齡接受了很多次電視與網路訪問，更進一步的提供了他個人第一手的對於外星文明與人類互動關係的宏觀與人性觀點，讓我們不必從零開始學習，節省了大家很多自行整合需要的時間。由於他的公開揭露，可能也促成了美國軍方在二〇一七年底開始，經由紐約時報（NYT）與紐約人（New Yorker）雜誌……等媒體，透露美海軍在21世紀遭遇的三起航艦戰機飛行員用攝影機紀錄下來的幽浮事件報導與影片？！

作者製作模型的熱情、純淨的初心與直觀的能力，讓他自然的成為能夠跳脫一般直線思考與專業習性的系統創新人員，讓他在沒有大學文憑的身分下，卻能夠平等的表現甚至超越很多有博士學位同儕的能力，被長官與產業領袖人物所氣重。這也顯示出美國這個國家在部份關鍵科技與管理領域，容許獨特思維與突破創新者生存的強大生命力。同時作者也在很多與國家安全與軍事機密相關的領域尊重了法規要求，讓讀者只能知道大致的系統發展內容（對大部份人已經足夠），但卻無法真正獲得任何技術性內容。如果我們能夠自行去鍛鍊禪修與內觀的心靈技巧，說不定還更能參破作者對於心電感應、遠距遙視與北歐美女等等書中情節的心境與秘密？！

由於外星人種與文明存在這主題是人類必須面對的事實，在未來一段時間內會發生由美國軍方退休人員與美國情治單位試圖經由好萊塢電影與經過篩選的消息來導引大眾情緒產生「對於未知的恐懼」（不是英國科學家霍金死前已經警告大家別接觸嗎？！）與試圖增加所謂「國家安全預算」（甚至把所有外星勢力當作人類文明的敵人？！）撥款的熱鬧自肥行動後。大家仍然要根據事實真相與人文價值來判斷我們人類應該如何來面對這樣的嶄新情勢，而且這與我們東方文明老早就知道的「修心與道德」與「三千大千世界，一切唯心所造」相關！本書中有關「白帽與黑帽」對立的兩種外星文明種類的說法，固然不能說是錯誤解釋，但是它更可能反應的是西方習慣於二元對立思維習慣的價值觀，是人類過去300年來主流西方價值的對人類意識型態看世界影響的結果。要不然為什麼書中有多次提到：當20世紀初期北歐有一千多個人嚮往星際旅行的白帽團體，卻無視於納粹勢力的興起，變成了為黑帽勢力服務的力量？！

希望您能夠用探索的心情與我們一起享受這本精彩的奇幻科技歷史！

如果讀者讀完本書之後仍然對書中的說法好奇，並且想要由其他觀點了解這重要的未來主題，這裡有一系列相關的參考資料可以考慮：

中文書籍：

Don Elkins：UFO 解密 1975 英文 2017 中文

Leslie Kean：飛碟 2010 英文 2011 中文

英文書籍：

Edgar Mitchell/Rudy Schild 等：Beyond UFO 2018

Stanley Fuldham: The Challenges of Changes 2010

Nick Cook: The Hunt for Zero Point 2002

美國麻省理工學院博士　樓宇偉

推薦序／讓證據說話，讓科學佐證，透過真實的故事讓 UFO 這個話題免於怪談的命運！

很多人聽到「關鍵時刻」，馬上就聯想到外星人，「哦，這是一個專門講外星人的節目」。很多來賓接受專訪時，還會特別問一下，「會問外星人嗎？」」，但這樣深刻的印象並非節目開設之初的目的，二〇〇七年四月開始這個節目的時候，完全沒有想到會跟外星人有任何關聯，最後走上 UFO 之路，跟傅鶴齡老師有著極密切的關係。

外星人的討論在台灣從來不是大眾媒體的主軸，談 UFO，談神秘事物向來只是人們茶餘飯後的閒談，是鄉野節目吸引特定觀眾的話題。二〇〇七年關鍵時刻開播時，只是有一個原則，跳脫既有政論節目非藍即綠的架構，不要再侷限政治討論的框框，任何有趣的話題都可以嘗試。

二〇〇七年七月四日剛好是《羅斯威爾事件》六十周年，製作單位提出這個題目，當時我連什麼是羅斯威爾事件都搞不清楚，但看了資料覺得有趣就大膽嘗試，沒有想到收視異常的漂亮，就義無反顧的投入鑽研，此時很感謝傅鶴齡老師的加入，才讓 UFO 外星人成為關鍵時刻的招牌。

既然外星人的話題如此引人入勝，既然這個話題有這麼多的愛好者，連 CNN 之前最叫座的談話節目《賴瑞金現場》收視最好的一集就是請軍方的退休人員談論神秘的外星事物。為什麼在台灣永遠只在邊陲的角落討論，其中最關鍵的因素就是是否具備充足的科學人證、事證與物證。

台灣主流媒體不碰，因為覺得那不科學，虛假成份太高，不值得一談，但問題是，這些年來已經有很多的人證、事證、物證，一一浮現，傅鶴齡老師在這個議題上之所以重要，就是他用資料、照片、官方文件串起一個個 UFO 的現象，剛提到的羅斯威爾事件，傅老師不但看了資料，還親自去了羅斯威爾的現場，連當地的棺材店的老闆，傅老師都有訪談，這種第一手的資料充滿吸引力與說服力。才讓關鍵時刻的外星人題目受到觀眾的支持。

最讓我驚訝的是，傅老師有一張與美國前總統卡特的合照，還有卡特看到外星 UFO 的報告書，那是他在一趟旅程在飛機上看到卡特，興奮的與他合照，但傅老師最好奇的還是卡特的 UFO 經驗，由此可以看出他對神秘事物，對 UFO 現象有多麼痴迷。

傅老師翻譯的新書《外星人選中的科學家—外星秘密工作計畫》就是一本討論外星人非常重要的書籍，維持他的一貫風格，讓證據說話，讓科學佐證，透過真實的故事，具體的調查與查證，這才能讓 UFO 這個話題免於怪談的命運，這可以看出傅老師的執著與熱忱。

東森關鍵時刻主持人　劉寶傑

推薦序／外星人在地球活動的事實已瞞不住了！

還差一點點，外星人在地球活動這事實便瞞不住、全球各政府不得不承認了。但願湯普金斯——這位以特異天賦被外星人青睞的政府科學家——他的著作，是這「翻艇」的最後一根或幾根稻草！

縱觀多年來，以各種形式爆炸性揭露的新聞事件，管他是接觸事主或前秘密部門高層，他們的公開講話、著書揭祕、臨終訪問……皆指向同一個「國家級的隻手遮天」近一個世紀。美國以整個政府之力，早期趕盡杜絕、「沒收」證物證人、後期玩煙幕贗品——A貨個案影片滿天飛。

對於UFO研究者來說，外星人活動對人類的影響，已達無孔不入、無遠弗屆的地步了。外星族勢力已在操控政府、能量大到無形影響人類族腦思維……及至造成今日眼見的世界，已非三言兩語能道盡。

若是入門的你，還是可以湯普金斯近似科幻般的工作際遇，讓自己想像：先以小說框架吸收這令人咋舌但真實、恍如平行宇宙般的情節，再慢慢推敲你的外星人結論！

香港飛碟學會　創會／現任會長　方仲滿

推薦序／外星文明和人類公開見面的日子近了

第一手親身的揭秘，爆料了可靠詳實的官方（美國政府）接觸及研究外星 UFO 科技的歷史資訊，也證實了之前一些模糊的傳聞~例如：人類政府和外星文明早有接觸和簽訂協議等。看來外星文明和人類大眾公開見面的日子很近了，我們都將目睹參與這一切。

光中心創辦人　周介偉

譯者序／神奇的科幻之旅在最關鍵的時刻透過作者的奇遇，奇書就此開始！

早在我去美國唸書之前我只是對 UFO 有濃厚的興趣，但興趣還不到去做一些如找資料以及找一些證據事情。一九八一年到了美國密西根大學唸書期間有機會與美國藍皮書計畫的顧問海尼克博士多次的見面與聊天，他告訴我在羅斯維爾 UFO 的故事，同時跟我講了許多有趣的事情，這些有趣的事情促使我在以後念博士期間特別前往羅斯維爾一看究竟，經過系統性的觀察發現幽浮並不只是科幻小說中的情節，可能有一大部分是真的，但是這真的事情為什麼美國正式的機構一再的否認？

一直到我發現這一本書，也就是我翻譯的這本書裡面才敘說了一些以前斷斷續續的事情，但是這本書卻很有系統的把它講出來，所以我決定要把這本書介紹給華人的世界。這本書全書一共二十八章，但是出版社希望先出前面的十章然後再出後面的章節。

書中的作者是一個奇人，為什麼說是奇人呢？因為他從小就有超凡的記憶力，不但過目不忘而且還能夠把它畫下來，這是他被美國海軍選上以及被外星人選上的主要原因，外星人也透過他傳遞了很多消息給他；同時在這本書裡面也講述了我們外面的人很少知道的美國航太界的內幕，我們中科院在研發戰鬥機以及地對空飛彈的時候曾經從通用動力公司引進所謂的系統工程的管理技術，用以管理複雜以及龐大的計劃，但是在這本書裡面可以發現美國在一九四五年的時候就已經在運用這個技術發展他們的所謂先進科技，書中所談論的系統工程的手法跟我在交通大學教授的系統工程非常的相同，這是我把這本書介紹給大家另外一個原因。

書中的作者有很多奇遇，這些都不是你我現在可以想像得到，至少在現在是無法實現的，但是誰知道明日的事實就是今日的科幻？誠如海尼克博士跟我聊天的時候說，如果我們現在來看一個核能發電廠認為是很平常的事，但是如果在一百多年前跟你談核能發電，人家會不會以為你是個瘋子呢？而且根據二〇二〇年四月，美國國防部發布了三段由海軍飛行員拍攝的「UFO」錄影帶，顯示美國已經能夠用影像抓到快速飛行的不明飛行物體，這表示什麼呢？表示過去美國之所以否認不明飛行物，是因為他們沒有辦法證明他們的存在，但是現在科技逐漸的發達他們已經用影像證明他們的存在，但是不是美國已經具有了利用逆向工程仿照他們的技術呢？在這本書裡面提到了很多這方面的東西，書中提到的反重力系統或許就是說明 UFO 飛行器？所以這是一本奇書。

作者的奇遇創造了作者在航太發展設計先進武器的技術，所以說這是一個奇人；他的奇遇，造就了這本奇書。

希望這本書能夠提供大家新的領域並且希望大家用接納的心情來接受這種似幻非幻的技術。因為誰知道在若干年以後反重力的系統會成為今天我們看核能電廠技術一樣的平常？同時成為事實？

科技的發展是不可預測的，因為今天我們認為很奇特的東西尤其是我們中國有五千年的文化，我們很多的技術都是因為沒有仔細的推敲沒有仔細的研究而埋沒在人群之中。

這本書裡面提到的很多東西航太武器的發展、航太界週末的狂歡以及心靈感應這些東西，都是目前認為科幻的東西，希望透過這本奇書大家能夠有奇想，根據這些奇想能夠逐漸地迎向一個聚焦的目標，這個目標就是讓我們產生新科技的動力。

上了多年關鍵時刻的節目，謝謝寶傑在百忙之中抽空介紹了我的這本書，書中很多是在節目中講過的，但是透過作者的嘴巴講出來又增加了幾分真實性，雖然書中的若干內容是遊走在可信與不可信的邊緣，但是讀者聰明的智慧自然會在適當的章節做適當的判斷，如果因為不可信而錯過了這本書，那麼對於書中可信的部分就不太公平了。

謝謝林副部長給我指導，我用了他最後一句話作為我序的開場，同時他也點出了智庫蘭德公司的由來，在這本書裡面算是清楚的交代，希望這本書不會辜負他的心意。

謝謝我的好朋友樓宇偉博士，他在美國航太界服務了一段很長的時間，這本書是我們三人同時認為是奇書，他給了我翻譯的動力，他還用做學問的態度提供了兩本中文書籍以及三本英文書籍，甚至還有兩部英文的電影提供給有興趣的讀者繼續往下研究發展，這種 MIT 博士的治學精神值得我們大家效法。

感謝大喜出版社梁社長願意出版這本書以及汪小姐辛苦的校稿，譯者雖然在美國待過幾年，但是畢竟不是美國人，文中翻譯的地方還是會有若干的差錯與誤譯，謝謝讀者能夠及時指出作為爾後再版的修改。

神奇的科幻之旅在最關鍵的時刻透過作者的奇遇，奇書就此開始。

傅鶴齡 序畢 2021.08.22.11: 50pm

序言（PROLOGUE）／比爾・湯普金斯

「我們必須為世界上最震撼人心的新聞做好準備。」

-CARL SAGAN 7-16-2002

我不知道哪些是我知道但你卻不知道的事情

首先，重要的是我注意到雖然這本書是我的自傳，但並不能說明我的全部人生歷史。它只涉及我在航空航天領域的個人工作，和我從一九五〇年到一九六九年的知識技術。這是一個時空的微觀時期，但其中出現了一個巨大的改變，改變了人們對自己在宇宙中所處位置的理解。重要主題在此內容中無法一一涵蓋。我剩下的奇妙的生活故事和相應的冒險將在隨後的章節中呈現。

我父親精通相機，他在他的高中年鑑拍了很多照片，因為得到許多的青睞，後來成為一名出色的攝影師，使他能在加州好萊塢環球影業開發他自己的電影事業，他加工影片的想法使他在好萊塢有重大突破，好萊塢幾乎所有電影導演都堅持要他處理他們所有的電影。到了一九二〇年，在全球發行數百部電影的需求擴大，爸爸在好萊塢大道上建立了標準電影實驗室。在這個龐大的生產實驗室，就業的人包括數百名技術人員以及可以轉換成英語版本的語言翻譯人員。這些外語版本已遍佈全球一百四十多個國家。爸爸是標準電影實驗室的掌舵人，直到他的公司接受了金融收購，他才沒有全力的參與。

家裡沒有收入支持著我們以前奢侈的生活，父母親和兄弟生活困頓，我搬去和我叔叔、嬸嬸住。他們的大型兩層房被他們的三個女兒瓜分了。我的叔叔哈丁博士（Dr. Harding）那時是聖塔莫尼卡醫院（Santa Monica Hospital）的首席外科醫生。他和我的三個堂姊妹曾多次前往埃及的金字塔。照片是我與叔叔在其中一次旅行中所拍攝。令人驚訝的是，照片的背景右方似乎有一個不明飛行物，當時沒有人注意到。他們在埃及的目標是解釋象形文字。哈丁叔叔與歷史協會安排在那裡讀取數百文件，照片和文物。我叔叔五個家庭成員都相信：譯出的象形文字將揭示金字塔的真正建造者，特別有可能是來自獵戶座大星雲恆星（Orion Nebula）的人。

比爾的叔叔、嬸嬸沒有注意到後方的幽浮

生活在叔叔的大房子裡，除了木乃伊之外也被各種埃及古董包圍，有冒險也富教育。他們甚至還有手持的三維木製照片瀏覽器，用來解碼符號（decipher the symbols）。

我的三個堂兄妹對年輕的埃及女孩因為穿著誘惑著他們周遭較年長的異性朋友所著迷。有時，他們製作了清涼的埃及王子服裝；帶著鑲有寶石的項鍊，從房子內到後院跑來跑去。他們從照片模仿金字塔牆壁上所描繪的少年埃及皇室模樣，模擬著非常優雅的埃及生活。

哈丁叔叔的家在聖莫尼卡海灘旁，離高層酒店和海灘俱樂部只有幾條街。母親們和我們所有五個孩子夏天大部分時間都花在俱樂部，我們經歷了最美好的日子。

兩年後，在我們的小型好萊塢公寓裡，我決定建造五十艘尺寸一樣的海軍艦艇模型。周末父親會帶我和哥哥到長灘（Long Beach）的海軍碼頭。與其他遊客一起，我們被海軍大型動力救生艇帶到了海上，爬進停泊在長灘港口的戰艦、巡洋艦和偶爾出現的航空母艦上。當時艦上禁止攝影。

我查看了安裝在所有主力艦（capital ships）上的新雷達，可以看到它們還包含很多秘密設備。當時，海軍審查機構確保相關機密系統的數據從未洩漏到媒體。我默記了所有新的秘密設備。回到家，我畫了粗略的透視草圖，把它們變成了令人驚訝的準確插圖。我從船的草圖及其武器，包括所有的秘密陣列雷達和高射炮等，都有詳細的全圖。我甚至還將航空母艦放在船尾飛行甲板的避雷裝置畫在上面。然後，我依尺寸構建了所有秘密設備，並將其一一安裝在我的軍艦模型上；後來由我父親在當地百貨商店的櫥窗裡展出。看到這些，《洛杉磯時報》（*Los Angeles Times*）採訪了我，說我是記憶攝影機。他們拍照並向全世界發表了數百篇文章。我收集的模型船被洛杉磯郡博物館（Los Angeles County Museum）評為「全國最好的藏品之一。」

一九四二年，海軍情報部開始注意到位於好萊塢大道上，百老匯百貨公司櫥窗內展列的船，並調查我的父親，將他視為間諜。他們來到我們的小公寓，在我與哥哥的臥室裡，發現了幾乎堆到天花板上的草圖和圖紙。他們沒有生氣，反而是啟動了一個計畫（或者更正確的說是一個獎勵），讓我加入海軍。多年來，這些收藏已有三百〇九艘船，總價值可能高達兩百萬美元。

幾年前，當我在洛杉磯附近參觀威爾遜山天文台一百英寸望遠鏡的時候，印象很深刻。天文學家已經確定銀河系包含數百萬顆恆星，其大小均遠超過我們自己的太陽。我覺得其中可能有像我們行星一樣的太陽系，這與當時天文學家所認為的相反。我深信我所看到的其他恆星和銀河系中，蘊藏著比我們高等許多的生命。

我確信某種類型的外星智慧生命不僅僅在觀察我們的星球，而且也影響著我們。出於某種原因，我從未接受這些外星人只是在看著我們的想法。看起來對我來說，幾千年來，他們一直充滿敵意與干擾，對我們的生活方式構成威脅。自從我是個小男孩起，我對我們的銀河系的環境已經畫出了一幅預設藍圖。

一九四二年二月二十五日，珍珠港襲擊事件爆發三個月後，一件非常奇怪的事情發生了。我的家人當時搬到了長灘。住在從一個大房子改建而成的二樓公寓。離海只有四條街之遠，一個大約晚上八點的夜晚，我父親叫哥哥和我到面對海灣的陽台。那裡地平線上方有一種奇怪而強烈的光線：一條指向海洋的窄光束，小光束水平轉動，直接進入我們的眼睛，然後射到我們公寓的後牆和周圍樹木。突然，令人費解的是，燈光熄滅了。我們站在那裡感到驚訝。最後，回到床上。午夜過後，空襲警報器和沿海炮兵的高射炮將每個人吵醒。我們跑到街上，看到大約在我們頭頂七千英尺高的位置，有一艘大型飛船漂浮在我們之上。它在上方減速停止並保持靜止，八盞探照燈照亮著它，而防空砲彈向它四處掃射充滿爆炸聲。大部分的砲彈在底部爆炸，我們無法確信目標有沒有爆炸或被擊落！三艘、然後五艘，其他船隻也陸續出現在附近；一些探照燈以及防空部隊都把重點放在每一光點上。最後，最初的那艘飛船也慢慢離開。

後來，大約十二艘其他飛船在更高的高度飛過，然後被射擊。這就像是一個魔咒：為什麼我們數百人不因為這個事件而費心費力或受到驚嚇？我不害怕，也沒有恐慌；更沒有人在尖叫，也沒有人心臟病發作，沒有人發瘋。近五個小時，車輛陸陸續續經過我們。長灘沿海，地面的所有防空部隊均企圖打下這些飛行體，到凌晨三點三十分，主要節目結束了。我們回去睡覺，雖然幾個鄰居告訴我們空襲繼續著，警報也一直持續到凌晨五點。第二天早上，報紙報導有外國飛機被發現在聖莫尼卡和長灘之間的空域活動。但他們沒有提到另一半，就是南加州幾乎整晚都在觀看這個活動。

這場所謂的「洛杉磯空襲」（Los Angeles air-raid）成為近代歷史上，一連串不明飛行物事件中，第一起重大事件；而且，這也是影響我整個五十七年航太工程際遇的開始。

無論出於何種原因，公眾可能都沒有感受到我們剛才目睹的事實。另一個世界已滲透到我們的生活中。我已意識到一定有一個巨大的星際母艦，或母艦群，正環繞我們地球，而且他們來自我們銀河系外。母船向地球派出了數百輛登陸平台。他們的主要任務我們完全不知。第二次世界大戰肆虐。我們全力以赴對付的目標是納粹，但現在呢？

此外，在海軍部、陸軍航空兵和某飛機公司也有幾個人一生都受到影響：他們是海軍上將羅斯科・希倫凱特（Roscoe H. Hillenkoetter），海軍秘書長詹姆斯・福雷斯塔爾（James V. Forrestal），陸軍航空兵內森・特溫（Nathan F. Twining）將軍和柯蒂斯・勒梅（Curtis Le May）將軍，M.I.T.的愛德華・鮑爾斯（Edward Bowles），范內瓦爾・布希（Vannevar Bush）博士和道格拉斯飛機公司某某等，僅舉數例。當我講這個故事時的這些人，在其他故事裡也將被提到。

一九四二年在長灘上看到大量飛行體的另一人是海軍情報官J.G. 派里伍德（Lieutenant J.G. Perry Wood）中尉。伍德中尉是最早看到我有創建船模型潛力，識才讓我進入海軍的人，如圖所示。他安排我到伏爾提飛機公證（Vultee Aircraft）工作，我也在那裡等我的安全許可（security clearance）。爾後宣誓就職並完成了我在聖地亞哥的訓練，就被分配到海軍情報單位任職。我在先進

比爾的船模型使他受聘進到海軍

技術計劃（advanced technology projects）下工作，後調升為加州聖地亞哥北島海軍航空站（North Island Naval Air Station）海軍指揮官。我的任務和目標是「飛機研究和信息的傳送人。」雖然只有三職等，但我注定是要迅速升官。

我的任務是在總工程師的指導下（一名上尉，我要向他報告），向海軍情報單位（Naval Intelligence）的海軍上將里克奧巴塔（Admiral Rick Obatta）報告。我的工作是對下列各項進行連續的調查及編寫報告：(a)實驗性的實驗室研究(b)政府其他機構，以及(c)教育科學機構、製造商和研究工程師。工作方式是我主動提出，或應海軍航空兵辦公室或任何局的要求提出報告。

我對特殊儀器、研究計劃目的與相關技術進行研究。我還被派去飛行學校就讀，去學海軍管理課程，並且執行現有和未來的飛行任務，我也領取飛行加給。我有時是飛行員，幾乎飛過海軍停機坪中每一架新飛機。我出任務時，載過海軍上將到道格拉斯飛機公司（聖莫尼卡）、長灘和中國湖，以及莫哈維沙漠（Mojave Desert）等地。四年中（從一九四二年到一九四七年），我參與了高度機密的計劃，並參與這個星球上一些最前衛且尚未開發的先進科學計劃。

二戰結束，直到一九四六年我才光榮的退役。我爸爸堅持要我辭職，以便我可以為他工作，挨家挨戶出售真正的絲綢襪子。我討厭這工作。在那之後，我幫他賣屋頂材料。我也討厭這工作。最後，我去了諾斯羅普（Northrop）工作。我的工作是作比例模型，這得以展現我的專長，製作模型以在風洞中進行測試。我確信這是我未來的所在。我在風洞部門上班，授命設計一架沒有機翼的飛機，此工作需要安全許可證。後來我離開諾思羅普去北美公司的控制實驗室工作，該實驗室位於舊的伏爾提公司工廠（Vultee plant）。（在那裡，我看到電路板設計原型，據說是由一些外星材料製成的。）

一九四九年我和哥哥，在伯班克（Burbank）的洛克希德飛機公司（Lockheed Aircraft Company）找到一份工作。在公司工作時，我意識到用於航太活動的先進技術正在聖莫尼卡道格拉斯飛機這大公司進行著。我的模型專長為我打開了大門。他們找我進入諾斯羅普的風洞模型部門。現在，道格拉斯高級副總裁知道我有船隻收藏品；特別支付我為模型的報酬，這個模型是給他老闆的生日禮物，他建造唐納德道格拉斯恩底彌翁（Endymion）號帆船模型，作為生日禮物。在沒有規格的規範或模擬圖的情況下，在船隻建造前，我必須模擬整艘大船的草圖。副總裁看了我的履歷並確認我的海軍背景。

甚至在模型完成之前，他對我印象深刻，因此，在一九五一年他把我由繪圖員轉升為工程師。

因為我以前有海軍電子部門負責人的安全

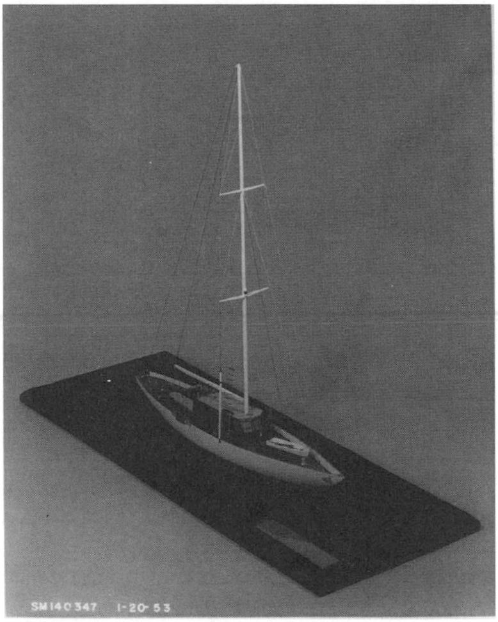

比爾為道格拉斯，長官生日作的模型船

許可，我的老闆，把我轉到了高度機密的地方——先進設計組，這一舉動改變了我的一生。

這些事件可以追溯到一九四五年，當時陸軍部長收到了一份絕密報告。陸軍航空兵指揮官「哈普」阿諾德（H. H. "Hap" Arnold）將軍提到：「在戰爭的這些年裡，我們的軍隊已經前所未有地利用科學和工業資源。我們必須在軍隊、工業和大學中繼續團結一致。科學規劃必須在實際的研究和開發前幾年就開始落實。」在這份報告中，阿諾德並沒有透露他最關心的議題——某種類型的外來生物已經在這裡，從技術角度看，他們可能領先我們數百萬年。

一九四五年十月一日，在海軍秘書長詹姆斯．福雷斯塔爾的指揮下，幾位高級大人物被帶到了船上，包括：哈普阿諾德將軍、愛德華鮑爾斯（M.I.T.，陸軍部長顧問）、唐納德道格拉斯（道格拉斯飛機公司總裁）公司、亞瑟．雷蒙德（Arthur Raymond）（道格拉斯的總工程師）和弗蘭克．科爾博姆（Frank Collbohm）（他是亞瑟．雷蒙德的助手）。他們在加州漢密爾頓空軍基地（Hamilton Field）陸軍航空兵總部秘密會面，成立蘭德計劃（Project RAND），這是一個位階極高的秘密科學智庫。它創建於一九四五年十二月，對聖莫尼卡市飛機場中的道格拉斯飛機公司而言，是一項特別的合議計劃。在道格拉斯工程部的一個高度分隔圍牆區域內，蘭德計畫研究主題是外星人對地球的威脅。與此同時，弗蘭克．科爾博姆在亞瑟．雷蒙德和唐納德道格拉斯的指揮下，暗中調查了自一九四二年以來在聖莫尼卡和洛杉磯出現的奇怪飛行物，科爾博姆因此成為蘭德計劃中主要成員之一。

一九四五年的同一個月，航空研發單位的副主任新辦公室成立，這就是蘭德計劃中提到的，正式成立，柯蒂斯李梅少將（Major General Curtis Le May）是第一任主官。然後，在一九四六年三月二日，一項和議成立，蘭德計畫將在道格拉斯的助理總工程師科爾博姆的指導下完成任務。道格拉斯智庫誕生了。

蘭德有兩個任務：(a)研究人造衛星潛在的設計、性能和可能的用途；(b)執行高度機密的科研計劃。後者包括各個領域成千上萬的問題，其中許多與解決外星人所構成的威脅技術有關，外星人的技術被認為比我們先進數千年。

到一九四八年初，蘭德計劃已經發展到大約有兩百名工作人員，專業知識廣泛到各領域。然而，道格拉斯製造部門管理的安排，被證明是一個主要問題。利益衝突沸騰，分離迫在眉睫。不久後，新任的美國空軍參謀長給唐納德．道格拉斯寫了一封信。這封信批准了蘭德朝非營利性蘭德公司的發展模式，獨立於道格拉斯之外，這就是它的後果。

分家是有問題的。許多博士都希望留在道格拉斯的先進設計組。內部大方向的小步伐舉棋不定。有些人想游走兩邊而不參與大方向。有些人只想在他們的專業領域專研。智庫被分成兩部分。蘭德租用了一座位於聖莫尼卡市中心的建築，稱之為蘭德大樓。

一九四七年六月二十四日分家後，我仍在霍桑（Hawthorne）的諾斯羅普飛機靜電推進科學實驗室的技術測試工作，並仍然試圖製造幾乎沒有翅膀的飛機。

也是在那天，私人飛行員肯尼斯・阿諾德（Kenneth Arnold）在喀斯喀特山脈（Cascade Mountains）華盛頓州地區飛行私人飛機時，遇到了九個圓盤形飛機。它們正在高速穿越他的飛行路徑。雖然這不是第一次看到，但這肯定是最先獲得廣泛關注之一。數以百計的相似報導很快跟隨。其中許多來自高度可信的軍事和民用資源。軍方試圖確定這些物體的性質和目的，主要是為了維護國家防禦利益。然而，他們試圖利用海軍飛機進行追逐在飛行中的光盤卻不成功。有時，公眾的反應接近歇斯底里。

根據所謂的十二至尊（Majestic 12）表示，艾森豪威爾簡報文件（Eisenhower Briefing-Document, EBD）於一九八四年十二月匿名郵寄給 UFO 研究員傑米・尚德拉（Jaime Shandera）說：「在新墨西哥州當地一位牧場主陳述一不明物體於一九四七年七月五日在偏遠地區墜毀前，大家對這些飛行物的所知甚少。」

這墜毀地位於羅斯韋爾陸軍航空基地（Roswell Army Airfield）西北75英里處，此地成為回收飛行物殘骸的秘密行動集結地。據 EBD 的作者表示「在這次行動中，空中偵察發現在飛行物落地爆炸前，有四個小的人形生物被彈出飛行物，落在殘骸東面約兩英里的地上，」四個生命體據說均已死亡，結論是該飛行物是一短程偵察船，它附屬於一艘大型母艦。

EBD 表示：「在殘骸中發現了許多似乎是某種形式的文字。努力破譯後，大部分都一無所獲。」確實，他們的努力跟我叔叔、堂兄姊妹和我在埃及破譯那些象形文字的結果一樣，努力也沒有成功，回到一九三〇年代間。同樣不成功的是，十二至尊文件中的作者也在努力確定推進和動力能源傳輸的方法。這會失敗一點也不足為奇，因為當要考慮完全沒有可辨識的機翼、螺旋槳、噴氣式飛機以及完全沒有金屬佈線的設計是不可能的。更別談沒有任何真空管或任何可辨識的電子元件設計。

雖然這些生物是人形，但十二至尊指出了這些生物的進化過程，完全不同於我們，因此稱為「外星生物實體」（Extraterrestrial Biological Entities, EBE）。幾乎可以肯定的是，這些生成手法並非源於地球上任何的技術。門澤爾博士（Dr. Menzel）（據稱是十二至尊一員）很善巧地總結了這一點，並說：「我們正在對付完全來自另一個太陽系的生物。」

十二至尊行動（Operation Majestic）始於一九四七年九月二十四日，由詹姆斯．福雷斯塔爾、范內瓦爾．布希博士和海軍上將羅斯科．希倫凱特領導該組織。這是一個絕密，只有十二至尊可看的研發行動，情報直接（並且僅）對美國總統負責。同樣地，空軍參謀部研發副主任和蘭德集團（Project Rand Group）當時只向十二至尊報告。

正如我之前所說，一九五〇年初，我加入了聖莫尼卡的道格拉斯公司。因為我的海軍情報背景，他們把我扔進了這個智庫，當時整個智庫仍然帶著一群同儕處於離異風暴中。我們這些剛被雇用的人，完全沒有意識到讓博士們感到困擾或緊張的那種分家的感覺。沒有人告訴我們任何事情。

有時，智庫的一些同事認為我較靠近先進太空計劃，似乎我來自銀河系的另一個部門。我同意，因為對我來說，這個星球聲譽差。這是一個非常野蠻的居住地。當然，一些黑帽子外星人（外星人帶著我們所認為的邪惡任務），當然是在煽動公元前一二〇〇年前後早期部落間的仇恨。我一直堅信地球外一定有文明，他們不僅技術比我們更先進，而且比我們更文明。

所以，現在，我被驅使把我的想法散佈給每個讀者。我的目的是提出令人信服的證據，表明多種外來文化影響著我們的航太發展。諸位，你認同嗎？對於我們所涉及與推動的這些巨大秘密任務有什麼概念嗎？生活在這小不點星球上的生命是多樣化的。所以，繼續閱讀，看看到底發生了什麼，並參與其中。

回到一九五〇年，上月球的想法你了解多少？對我們來說，要理解這複雜的計畫太困難了，我不是在講道，我也不是在講課。本書是我們首次將觸角伸到宇宙中的討論平台。歷史上第一次在這個小小的藍色大理石裡，人類實現了他最大的夢想，即是離開他的家鄉並前往星際旅行。我們很榮幸生活在這個時期，因為夢想現在正在發生。阿波羅登月任務（Apollo Moon missions）只是道格拉斯智庫和海軍深空探索星際任務（Deep Space Exploratory Interstellar missions）的基礎計畫。

那麼，我們是如何完成這項巨大的登月任務？又如何能夠在整個美國數千個航空航太實驗室中，設計阿波羅飛行器和發射中心，並製造所有的設備？這計畫並不是由 NASA 設想的，而是在加州聖莫尼卡（Santa Monica）舊道格拉斯導彈和太空系統部門就有了（Douglas Missile and Space Systems Division）。不僅如此，該計畫還是在 NASA 成立前四年，由當時智庫中的先進設計分析師所構思出來的；他們不僅僅只做份內應該做的事，他們同時還得在腦海中想像出登陸月球，以及執行太陽系其他星球（和我們最近的十二顆恆星）任務所需的每一步。

我是當時概念思想家之一員。身為工程組長，我規劃了數十個任務和飛船，用於離我們最近幾個星球得探索任務。我設計了一個在火星上的工作站，以及大量的 NOVA 載具和赤道發射設施。我也為我們的月球設計了多達二〇〇〇人的軍事基地，同時也在適居的行星及其衛星上建立能容納六百人的海軍基地。我設計了阿波羅登月系統土星五號（譯按：或農神五號火箭）、SIV-B（為 S-IVB 火箭第三節）和命令控制月球車的發射測試系統。這幾乎重新設計了在佛羅里達州卡納維拉爾角（Cape Canaveral）發射控制中心的主要營運設施。我整理了我做的所有文件及圖稿，並給我的同事看，他們是整個月球計劃最有能力的設計師。結果令人震驚。我後來給 NASA 的高層看，他們徹底改變了他們原來發展不成功的方法，結果順利完成六次離我們最近幾個星球的星際任務。

想像一個隱藏式充滿技術的世界，那裡有一座約一條區街長、五層樓高的建築，室內有六英尺高的機櫃電腦、電源，以及老式的印刷電路板，這些滿是電線的面板可能用現在的手機就可完成當時的任務。大多數人從來沒有接觸過我們所設計、製造和操作的這種大型電腦，為了是可以完成阿波羅計畫四節三百六十五英尺長的土星五號載具，作為射前測試及發射到月球之用。

今天，我們正處於技術爆炸時代。人類已經在這個星球上進化了一段時間，依據碳十四年代測試，我們大約有三萬年的進化史。以進化發展來說，直到最近才出現技術本質的變化。九〇年代早期萊特兄弟駕駛的第一架飛機出現。僅僅六十年後，人類設計了一枚巨大的火箭，並將其驅動登陸到月亮，收集當地的岩石，然後安全地回到了地球，而我們能思考的每一個人當時在電視上看著它發生。這就只是六十年的時光。還不到一輩子。

一九五四年，當我們在研究前 NOVA 和前阿波羅／土星深空星艦的過程，我們在進階設計智庫中共同確立了海軍所有宇宙飛船研究的先決條件。三百年的海軍經驗和海上作戰任務（有時沒有補給）成為所有軍事星際任務的先決條件。海軍艦艇在海上停留很長時間，這使他們在進行長期任務時擁有大量的專業知識。另一方面，空軍轟炸機機組人員早上與家人共進早餐後，起飛到星球執行任務，丟下炸彈後，轉身，飛回家，再和妻子於晚上喝一杯酒。

約翰・甘乃迪（John F. Kennedy）總統獲准我們離開地球。我說「獲准」，但是誰批准？誰給了甘乃迪這個瘋狂、愚蠢的想法去登月？當然，國會沒有。他們只有想到把豬肉桶裝滿，並回饋自己的家鄉，所有這些計畫都需要數億美元。為什麼蘇聯將軍和美國海軍上將們在六〇年代早期放棄全部的新玩具，不管當時的社會需求，而進行半調子又荒誕的登月任務？有人給了他們許可，這開啟了人類歷史上曾經嘗試過的最複雜的任務：月球競賽。

那麼為什麼 NASA 於一九五八年成立呢？在公開場合，它目標是為了提供非軍事的政府機構，組織和建造一艘將人類帶到月球的火箭飛船。哦，是的，邪惡帝國仍然試圖先到達那裡，但在美國的我們在那時進行了一次和平的探測投資計畫。嗯……這也不完全是事實。

早在一九五二年，一些令人難以置信的太空研究結果就來自道格拉斯智庫。他們透露，不僅某些美國政府首腦知道外星人參與人類事情，連舊蘇聯也意識到了這種情況。隨著潛在的外星人「援助」，蘇聯首先想要登上月球，以便在那裡建立導彈基地並用以控制整個星球。哦，是的，這是希特勒計劃的重現。

我們所知道的遠少於我們所必須要學習的。

在地球人類史上，從來沒有一個從概念的發想、設計，能夠像美國阿波羅月球計劃這樣成功的案例。到目前為止，它仍然是人類曾經嘗試過最複雜的科技技術，也是我們首次對宇宙的重要探險經驗。人類對於探索鄰近星際有了一些進展。儘管如此，我們還有自己的銀河星系、仙女座星系（我們最近的星系）和宇宙的其他部分在等著我們探索。我們的挑戰是擴展現在的技術向廣闊的深空中延續，尋求其他太陽系的潛在智慧生命，並與他們進行交流。

但是為什麼，我們突然就在一個微秒的銀河瞬間，離開了這個星球？是誰要我們離開的？

第①章

我只想搞清楚狀況，這「智庫」有點怪異

一九五一年陽光明媚的初晨，鬆了一口氣之後，我輕鬆自在的走在加州聖莫妮卡人行道上，在距離海灘僅六個街區的一個漂亮女士家裡，我租了一間房，這裡到道格拉斯飛機公司約11個街區，距離我接受教育的好萊塢高中約十一英里。我在陽光下閒逛，走在工作的路上，腦海中浮出海灘上，穿著比基尼懷著電影明星夢的女孩影像。

我的好奇心再次浮現。我忍不住想知道像我這樣的孩子，怎麼會在智庫裡擔任高級設計的工作，我不知何故只感覺它就是一個智庫。在我獲得這份工作之前，我甚至不知道什麼是「智庫」。我之前從來沒有做過像這樣的工作，我實在沒有資格勝任這份工作。不像其他更合適的候選人，我只是一個繪圖員——好吧，也許更像一個初中生，但肯定是為了某種軍事目的。

我想，沒有人告訴我這裡的任何事情。他們只想從我這裡搞清楚一些事，比如要求在真空中操

縱飛行體，完成脫節，並建立一個像迷宮且有很多隔間的月球基地。在某種程度上，「智庫」有點怪異。我也想知道，所有那些白髮蒼蒼的博士在大廳裡做了什麼呢？

博士有一種非常奇怪的工作方式。他們會說，「看看這個」或，「看看是否我們可以透過某種方式做到這一點」。他們從來沒有給我任何參考文件。有時我不知道他們到底在說什麼。但這沒關係，他們想要我整合一個系統，希望這系統可以保護「我們的系統和太空船載體」免於受「他們」破壞。

什麼系統？我想著：「太空船？他們？」「各種想法在我耳邊滾動。在我腦海裡，我開始懷疑一個問題——我們的政府是否與一些壞外星人搞在一起。儘管缺乏訊息，我仍然感到很榮幸。這對我來說真是太不可思議了。我知道智庫內部發生的事情非常重要。我能感覺到。但這卻困擾著我，我再次考慮宇宙中其他地方存在生命的可能性。我想，也許會有機會把我引導到與這個想法有某種關係的可能。

一九五一年，幾乎是同一時期，地球的另一端，在南中國海一位高六英尺英俊的海軍上將史蒂夫．麥克．唐利（Admiral Steve Mc Donley），輕鬆的坐在飛行甲板上方十層樓高的戰鬥指揮椅上。船長和執行官在甲板下面。麥克是這座夢幻的指揮橋上最有經驗的人員，他所在的海軍軍艦上裝配著最先進的武器系統。在一個清澈的夜晚，時間是九點半。在麥克的軍事生涯中，他永遠無法忘記眼前這一片平靜的海面。

他是這個星球上美國最大戰鬥群的指揮官，航母珊瑚海號（U.S.S. Coral Sea）CVB-41以14節的速度執行非戰鬥巡航，擁有九十七架最強大的核作戰飛機群（道格拉斯A-3天空戰士）。此外，在他的指揮下有兩艘巡洋艦、四艘驅逐艦和一艘攻擊潛艇。

麥克是一名前戰鬥機飛行員，被認為是海軍中的頂級戰鬥人員之一。這是他第一次任總戰鬥群旗艦部署指揮官。

執勤指揮官鮑伯·科森（Bob Corson）說：「上將，這是一個非常美好的夜晚，但是奇怪的是，異常的黑暗。」

「是的，的確是，」麥克回答道。

就在此時，整個駕駛艙被一道光線籠罩著，包圍著大海和海洋所有七艘船。

「長官，我們應該執行警戒嗎？」科森問道。這訊號來自甲板下戰鬥信息控制（Combat Information Control, CIC）中心的對講機。

「長官，我的搜索雷達螢幕整片白色的，整個上半螢幕都白了，」「雷達操作員低聲尖叫著。」

「太陽出來了，」舵手喊道。

「不，不是；這不是白天。」

「不，不是，是飛船落在我們艦上。」

「這不是他媽的飛船，長官，」這對話透過全自動船對船CIC無線電廣播，傳到所有隨船上的人。

「一個非常大的圓柱形飛行器位於我們艦上方四百英尺處。」

實際上，三角測量儀測出物體長度超過八千英尺，直徑為五百英尺。它周圍發出一個完整的光源。甲板上感覺就像是一個溫暖的夏日。

「長官，我們應該發一級警報嗎？」

甲板上的船長兼執行官需要從海軍上將麥克那裡得到答案，他抬起頭——搖了搖頭，「不要；不要啟動戰鬥機。」

八分鐘後，戰鬥小組五千多名機組成員登上甲板並目睹了他們這次遭遇，他們知道自己可能永遠無法透露剛剛目睹的事情。麥克眼中含著淚水，感覺他和他的整個戰鬥群現在正在我們銀河系中巡邏，他覺得不知何故得允許一個更優越的銀河部隊凌駕並擠壓我們。

使用心電感應，看到星船上的大老闆面帶微笑的看著他，「他們友善嗎？」海軍上將麥克從他的指揮椅上，站起來向指揮著大規模的入侵者的上將指揮官敬禮；他情不自禁地對自己說：「你們可能來自另一個銀河系……」

1.1 我在高機密區域的絕密隔間上班

一個智庫，藏在世界上最大的飛機製造工廠之一的工程部門內？荒謬。應該在帕薩迪納山上的加州理工學院（CALTEC）內。但是，肯定不是在聖莫尼卡機場／道格拉斯飛機公司，對嗎？錯了。我被選入參加道格拉斯工程部門內的一個特定組織，其中正在發生一些非常奇怪的事情。

為了進入特區，我必須通過工程部門中一個高機密區域的圍牆再通過一扇上鎖的門。我上班的第一天，拿臨時證而不是給我該地區的鑰匙。一個穿著西裝、脾氣暴躁的中年男子出來，把我從一個大廳帶進一個房間，惹我一肚子氣。

我的第一個任務是在這個沒有窗戶的小房間裡從事先進設計。在我看來這裡曾經是一個辦公室。我可以看出在空牆上以前是有掛照片的。唯一的家具是繪圖標準板和一把凳子。我在那個房間獨自呆了兩天。沒有人進來告訴我什麼時候離開。

第三天早上，我進來時有三個白髮男子在等我。沒有互相介紹就交給我三項待確定事項：

(1)找出一種將重型設備從洞穴三一六運輸到洞穴三二九和三三〇的方法，星期天前要有模型。

(2)找出一種方法，使下降中的火箭段一旦遇到故障時也能夠穩定。

(3)在記錄數據時，計算中如有資料漏傳，其所造成之風險因子有多大。

好的，哪一個是我的老闆？我先要完成哪項任務？洞穴有多大？設備有多大？

我們在地下做什麼？我認為我們要在這裡造飛機。

那一節？（誰負責？）

什麼的下降段？

誰的記錄數據？

他們把我留在那個小房間里三個星期，然後把我搬到了樓下一個大廳的另一頭，那裏有較大的區域有空牆和五個繪圖桌。我感覺我曾經去過那裡。但一切都不一樣。之前，它就像一個會議室，更大，有著奇怪的居民。

此時，一個年輕有為、有著一頭波浪形頭髮的男人笑容滿面站起來，打斷了我的思緒，他伸出手說：「我是吉姆．詹金斯（Jim Jenkins），叫我吉姆。」他說。「歡迎參加神秘，誘人的科學研究」

「我叫比爾；比爾．湯普金斯，我有三個老闆：你有幾個？」

「不知道；上個月才辭職走人。」

「我不知何故，感覺此人我以前似曾見過。我真的很喜歡這個人，並知道將來我們會是長久的好友。」

1.2 一年後：面對一九五二年不明飛行物事件的欺騙行為

時間是凌晨五點十分。我推了一下額頭上的頭髮。在這黎明破曉之時，還是早起的好。穿上深藍色的褲子和白色襯衫，然後喝了一杯咖啡。凌晨六點，我在聖莫尼卡機場轉入道格拉斯工廠停車場。

我毫不拖延地進入了工程部，給櫃台後面和藹可親的小姐看了我的紅條碼「安控嚴密，」我說。

「早安，」警衛笑了笑。

她點點頭。「騷擾者不得入內。」

我想，這裡的飛機製造並不多，但是有很多先進的飛機和武器系統的計畫正在進行中。我在主樓層經過了五百張製圖桌。通道愈走愈窄，我把條碼卡插入插槽，推開一扇門，然後又是一道門。我走進了一個完全不同的世界。辦公室和小隔間——甚至是實驗室——這並不是重點，但這裡肯定是科學性深空研究。公式、時空圖和天文圖表排列在牆上。學術氛圍和態度是不惜一切代價地要分析和解決關鍵問題——且一定要完成。

工程庫的大廳位於長走廊的盡頭。這裡精心佈置的令人感覺愜意，燈火通明。我把手放在她桌子的頂部。「芝麻開門」。

一位眼睛閃亮、可愛的小妞，亞歷山德拉（Alessandra）給了我一個開懷大笑並回答說，「芝麻為你開門，比爾男孩」。「夜間的陌生人，還適應嗎？」我問道。「你有點晚了，比爾，」亞歷山德拉回應道。「你的一些夥伴已經在大廳等著了。」

她從椅子上突然站起來，露出她紅橙色短裙。她向我示意：「你要去惠頓的派對嗎？或者你打算躲到你的設計區，最後打電話說你病了？你知道那個混蛋，埃德爾森（Edelson），也來了嗎？」

她的聲音中沒有荒謬的調情泛音。我的眼睛上下打量著她。

「我在這裡有選擇嗎？」

「進入你的工作區，」亞歷山德拉說。「休息時我會過來。」

很弔詭的是，我沮喪的走下大廳向會議室走去。等等，我感覺到有些不對勁。在圍牆外的先進設計智庫區域，比工程區安全。聽到越少越好。我們從未被告知，但團隊懷疑，此計畫是以干預外星人為基礎。

我很擔心。我腦中發出可怕的聲音。我的身體開始顫抖。什麼？我納悶我們在這裡到底要做什麼？我們必須成為某些天文學領域的一部份、成為一些難以置信的事情的一部分。無論如何，這都以壓倒性的強度降臨在我們身上。

當天在計劃審查之前，我試圖再次把「合約」合理化。這似乎控制著一切。我認為這一定是海軍合約，但為什麼道格拉斯？這裡沒有人稱它為智庫，這就是先進設計組的真正含義——一份情報合約。也許他們有一個控制團隊，由國防部的一些頂級人物擔任主席，他（或他們）曾選擇道格拉斯學習與外星人存在有關的問題。我們必須支持一份名為「蘭德」的文件。我們正在研究、定義和構思各種奇怪的東西，所謂的「研究」就落在我們身上，「研究」的急迫令我不顧一切地想知道真相。

我加入了位於大廳下面會議室聚集的人群。這些是我的朋友和同事。埃爾默・惠頓（擔任副總裁，在加州理工學院獲得博士學位，但是從來沒有參與討論）是一個大個兒。他的秘書希拉・波茨（Sheila Potts）一直在梳她的棕色頭髮。克倫佩勒博士穿著白色工作服，是我們這些擁有博士學位的第二老闆。其他人則有吉姆・詹金斯，我的伙伴；地球天體物理學家尼克・索倫森（Nick Sorenson）博士；赫特林（Hurtling）博士，我們的其中一位推進分析師；韋斯頓・詹森（Weston Jensen）博士，來自智庫的一位前輩；還有我們的光電伙伴卡爾・雷爾森（Carl Arelson），這個人常常在我們任何一個人情況太緊張時，他總是拍打我們的大腿用滑稽的方式破冰。

我一進到團隊就說：「那麼，我們今天要在走廊裡討論，還是找人來室內舉行雨舞（rain dance）會？」

「吉姆詹金斯笑了一下。我們看事情的角度是一樣的。他還是新手。但女孩們為他瘋狂。」埃爾默・惠頓豎起眉毛。他用指關節擦過厚厚的白髮。「這裡的每個人，」他說。「等文斯・埃德爾森（Vince Edelson）進來我們就開始。」

我一聽到就忍不住皺上眉頭。埃德爾森來自前面那間辦公室。他是本星球上最糟糕的混蛋。他是那種會透過各種鑽營想成為頂尖人物的人，大夥對他印象不好。他在公司所到之處唯一做的就是在小道格拉斯（Douglas Jr.）前嶄露頭角及拍製造商長官的馬屁，說都不用說，我不期待與此人共事。

「為什麼他也參加？」我問道。「公司沒有人允許進入智庫。」

我們邊走進會議室邊碎念著。

吉姆在我旁邊嘀咕道，「所以打高空的談話開始了。」

我冷酷地笑著說：「嘿，這種任務和配置概念可能會為我們提供陡峭的學習曲線。就像要抵禦從外來物種的威脅一樣，這意味著我們的物種可能非生即死。我得盡可能做好準備，而不是對一切無限的可能性視而不見。」精心設計的會議室可容納三十多人。它有現代的軟墊旋轉椅、頭頂電影和幻燈片投影機，以及一個下拉布幕。我們圍坐於房間中央的橢圓形桌子，並開始進行我們的文書工作。每個人都猜測著這一天會帶來什麼驚喜。面對埃德爾森將帶來的詭局，我全身深感不對勁。

就在這時，文斯．埃德爾森衝門而入，拿了張椅子就坐在埃爾默．惠頓旁邊，我翻了個白眼。他總自以為是一個協調員，太高估自己。

「好吧，希拉請當記錄，」埃爾默說道，並開始進行會議。希拉點點頭，並習慣性地翻了一下她棕色的頭髮。

「今天，」埃爾默說，「我們將討論多種外星威脅的可能性，以及我們設想的應對方法，讓海軍得以制定針對這些威脅的行動計劃。我們將定義出防禦性和進攻性的星際任務。我們也將討論我們該怎麼為我們的飛船設計模擬發射和登陸設施。

「幾乎可以肯定的是，這些外來飛船來自我們銀河系的某個區，我們一起來討論以前假設過的外來物種種類，以及這些物種來自銀河系的何區等議題。索倫森博士，請你說明你的調查結果？」

「在這一點上，索倫森博士整理了他的報告，站了起來，頂了一下他鼻子上厚厚的眼鏡，清了清嗓子。」他用一種既細又刺耳的聲音說：「根據我們對最接近的恆星系統分析，阿爾法比鄰星（Alpha Centauri 譯按：或譯為阿爾法半人馬座星）距離我們最近，只有四光年。但它不是最佳的候選星球，因為它似乎是一顆雙星。因太靠近，所以無法提供穩定的行星軌道。我們需要的是具有與我們太陽系相似的恆星與行星的距離比率。因此，比阿爾法半人馬座更遠的恆星才是最可能的選擇，此外，有一點非常重要，這個地區——接下來所看到的十顆星——才有可能找到具有生態系統的行星，這對於人類的殖民計畫是可行的。」

埃德爾森彎起雙臂說：「說出來。」

索倫森博士瞥了他一眼。他提高了聲音，說道：「在這裡！」他指著一張星圖，圖上有畫圓圈，每個圓圈代表的是每一個可能存在、具智能生物的外星文明。「現在，我相信，第一步，如果我們能夠利用足夠的力量——使用克倫佩勒博士的電磁推進力和他長期進行太空探險所使用的非傳統推進方案——我們要在阿爾法比鄰星上的任何一顆行星，登陸任何一艘我們覺得可行的海軍航天器載體是可行的。」

我打岔著說，「我們不會直接登陸。如果一切順利，我們將停在軌道上，再發射著陸船到地表。」

「好主意，比爾，」埃爾默說。

埃德爾森嘲笑說。「你如何對海軍中尉指揮官丹尼爾、霍華德（Daniel Howard）提出進行後勤支援的計畫？好幾張星圖及假設他都沒興趣。我們耐克反彈道導彈是不錯的賣點。這種理論浪費了我們該死的時間！」

「等一下，」我打斷道。「我一杯咖啡還沒有喝完，你就開始抱怨了。這個計畫太大你無法理解。如果我們提出我們的推進方法、太空船母艦設計和殖民計畫給海軍情報局（Office of Naval Intelligence, ONI）或美國海軍研究辦公室（Office of Naval Research, ONR），海軍將資助我們數百萬研發資金，以支持星艦生產計劃。所以收起你的計劃吧！埃德爾森，還是把你狹隘的觀點帶去其他地方。」

「好吧，讓我們繼續，」惠頓介入的說。「埃德爾森，除非你對此團隊有更好的主意，否則不要插話。我知道你在考慮公司的最佳利益，但我們沒有需要在早上九點半開始舉行董事會就爭吵。希拉，剛才的不要記錄，湯普金斯，因為你在最後一層，你可以帶我們加速了解你的太空船母艦配置圖。」

我打開我的公文包，拿出配置圖放桌上，面向惠頓把圖展開。

我開始說：「好的，對於『T』圖，我這有兩個海軍太空船母艦的選擇方案；『J』圖有一個方案。這三個方案都是以外星人編號四四〇二二為基礎所設計的，其中不含 Nova III 探索／撤離任務的威脅文件。當然，這些都利用了克倫佩勒博士和薩爾澤（H.E. Salzer）的電磁推進概念。『T』圖的兩種配置都是一點五公里長，『J』圖是一點〇公里。」

「比爾，你又在講空話，」埃德爾森說。

「你他媽的系統計劃在哪裡？應該向我們展示你的太空飛船應該怎麼作，以證明它們存在的可行性。」

「埃德爾森先生，你又失控了，」惠頓說。

我拿出了我八英尺大的功能流程計劃（Functional flow plan）和六英尺船舶系統開發圖，但是埃德爾森跳上會議桌，身體幾乎一半趴在會議桌上，指著「『J』圖說」。

「你到底在想什麼，湯普金斯？索倫森博士告訴我們，太空是一個真空。在那裡沒有空氣，但你愚蠢的火箭頭卻配置鋒利鼻錐。我沒有時間再聽這些廢話了。我要請小道格拉斯砍掉這整個狗屎計畫。」

「然後，他跳起來衝出房間。」

希拉失望的伸出一隻手遮著嘴。吉姆低聲說道。

「讓他走吧，比爾，」惠頓說。「我對你尖頭機身船體的看法很感興趣。」

我把思緒從埃德爾森的干擾再拉回來，我猶豫地說，「我假設太空船母艦周圍的電磁屏蔽，將能保護它免受外星光輻射的攻擊。如果這艘船以三倍光的速度飛過一個沒有遮蔽的星雲，又同時遇到一公里半徑大小的流星雨，任何穿過盾牌的巨石都會閃過傾斜的錐面。由於我們對太空材料的所有不同粒子的了解有限，所以我們提供了一種錐面前進的方法，我有設計了一套備用系統。」

「我指著我的圖來說明這個概念。」

惠頓喝著咖啡，盯著我的圖。

「好主意，」他回答道。「我對你的『T』圖印象深刻，表明這三種不同等級的太空船必須要執行下去以進行登降任務。那麼，各位，讓我們對比爾的概念再繼續進行深入討論。」

此刻，索倫森博士開口了。「你的『T』配置圖要有適當的材料。小行星確實能在我們的大氣層中打我們一拳。在三倍光速下，類似的衝擊度，也可以在我們現在實驗室模擬下，產生三倍的衝擊效應。詹森博士，針對比爾的設計對後勤支援的衝擊，你有什麼想法？」

「韋斯頓．詹森博士揉著頭、皺起彎曲的眉毛。」

「好吧，我可以想出一個前面板懸吊系統的理論設計，這可能可以產生較少的衝擊，我比較關心是在這種衝擊影響之後，面板電磁表面的完整性。我們必須獲得海軍研究辦公室的批准，才能使用加州理工學院的超級電腦，來修改錯誤並重新創建一個物理擬動態的場景，但這真實的結果可能會危及太空人的生命」。

「不用擔心美國海軍研究辦公室的批准，」惠頓說。

「他們可以幫我們。」然後他說，「好的，很棒，各位。如果我們可以獲得其他部門一些重量級人物的支持，我們可能會有明確的結果。我認為海軍情報局和海軍研究辦公室都會配合。這是鮑比・雷・英曼（Bobby Ray Inman）要全力支持我們說服福雷斯塔爾那群人，以縮小彼此間的認知差距。」

我想，那群人是誰？又誰是其他部門的重量級人物？

（編註：我對這些對話及事件的解釋是：埃爾默・惠頓與海軍中清除不明飛行物團體有過接觸，這團體被稱為「福雷斯塔爾的那群人們」，他們知道不明飛行物的問題。那些因不明飛行物問題而被涉入的年輕海軍軍官，似乎是新手如鮑比・雷・英曼，他對幽浮問題的內部知識，很可能就是這樣讓他後來的職業生涯非常成功。顯然鮑比・是在這次談話時的主要人物，代表與惠頓智庫互動。由於比爾湯普金斯在這個智庫中的時間跨越了好幾年，所以並不是很清楚確實的對話是發生在一九五二年或之後的一年左右。）

「海軍星際太空作戰還有很長的路要走，但他們需要盡快向火星發射探測器。這點我希望每個人都能記下我們進一步討論這些想法所需要的東西。索倫森（Sorenson），我想要你製作一份我們檔案內的小行星密度圖表給 Jansen 和一些材料設計工程師確認。克倫佩勒（Klemperer）博士，請你指導他們有關你開出的電磁板規格？」

「當然，」克萊姆點頭說。一個六十多歲的男人，頭髮稀疏，總是在他的西裝上穿搭著白色工作服。

「哦，而且，比爾，這些配置圖概念的執行要持續進行。如果這些想法付諸實施，就可以很好地確保人類的存在和對銀河系的探索。希拉你明白了嗎？一切都記下來了？」

希拉從她的打字機上抬起頭來。「當然，惠頓先生。我會把這個副本放在你的桌上。」

「謝謝希拉，」惠頓回答道。「但是請確保把它標記為『機密』，並把它放進我鎖定的文件內，不要放在我的桌面上。那就很棒。」他看著環坐在桌子那裡的團隊。「好的，大家，現在讓我們談談水下的潛艇導彈概念。」

「等等，埃爾默，」赫特林博士打斷道。他是一個緊張的人，總是吃著胃藥。「以上是我們最基本的首要任務。」

「就是這樣，」惠頓說，「但是自從我們第一次跟海軍上將戴維斯會面時，就提出要消滅外星太空船威脅的概念。我們下一次的會議不僅得包括海軍上將戴維斯，也包括其它工作人員，就是海軍上將康威。他是我一直以來要找的那個人，我們舊版的潛艇發射彈道導彈計劃一直遇到麻煩就是因為他。是的，我知道公司不認為導彈可以從水下潛艇發射，我們得浪費時間嘗試說服海軍我們可以做到。但是企業並沒有為SLBM（潛射彈道飛彈）計劃做好準備，他們肯定也不知外星人計畫。比爾一直在幫助我們了解外星人的USO。」

USO是「身份不明的水下物體」。「這就是你躲藏的地方，比爾！」克倫佩勒博士驚呼，「我們在這裡戴著兩頂帽子，」我低聲對吉姆說。「這比較像是五頂帽子，」吉姆低聲回答道。「我們到底為誰工作？」「究竟。智庫的另一部分是什麼？」我問道。惠頓忽視克倫佩勒博士繼續說，「我們必須幫海軍部的高級職員在兩個系統上作教育訓練。百分之七十的人會告訴你這辦不到，但通過我一些團隊外圍的研究和耐克系列計劃的資金籌集，我認為我們可以實現達到兩種威脅的配置工作。這是多元化的目標。我們將繼續從確定的任務、武器和銀河系海軍戰艦等計劃中撥出資金，這些任務將擊敗多種外星威脅。我認為我們必須從其他地方獲得資金。

「哦，希拉？」他停頓了一下。「請確保妳沒有記錄關於來自耐克計劃的資金轉換，拜託。」

她點點頭。

「所以，既然我已經給了每個人更新的內容，那麼我們就繼續下一個也是非常重要的計畫：我們的海底地下設施。比爾，請你拿出你最近的圖？」

「通過我的系統框圖篩選，我想出了DW-23這概念。這是一個『深水』設施，是我們向ONR提案的一部分。」「好吧，」我說，「這個圖有四個主要階段，每個階段都有自己的一套要求：概念階段、定義階段、獲取階段和營運階段。海軍的系統計劃辦公室將監督各階段的產出、基線和技術審查點。該圖概述了實施、構思和開發海底所需的初始任務、偵察任務操作中心和地下開發設施的要求。這些在不同的條件下如環境的限制，均有不同的子計劃。

「主要的功能流程點從方塊A開始。這包括所有必要的設備，如高壓施工車輛或核心鑽孔機。方塊B指定了標識承包商、其他機構及其相關設備。方塊C測試網站的有效性與相關位置——包括在陸地或水下——以及在特定的區域植入不同的設備。方塊D指出參考的功能和設備的編號。E將是確保地下設施穩定的步驟。這包括：(1)振動或沖擊波和聲學水平及其最大限度，(2)溫度和濕度，(3)強制通風和熱空氣交換器，(4)人員工作區內控制和操作的照明，(5)個人正常運行所需佔用的空間(6)電磁干擾和可容範圍，(7)污染程度和耐受性，(8)安全性的危害和安全性定量測量，(9)熱拒率，(10)臨界時間測量和(11)其他特殊測量要求尚未列出，但規格到細定到每一個點，包括水壓和水下設施的海流。」

「好的，現在，繼續。方塊F列出了接口設計要求。這些類似於方塊E，特別適用於站點和設備之間的物理接口。包括：(1)包絡線和重量，(2)安裝精度，(3)核電或發電（如果可能的話，不使用核能），(4)電氣接地，(5)海水淡化服務，(6)通道和運輸，包括機械平台，(7)處理規定，如電梯、潛水工程車輛和升降機，(8)火災危險規定，(9)其他特殊規定干擾考慮。」

我把DW-23圖收好，喝了一口水。

「現在，我在這裡並沒有提出建議要求，而據我所知，從來沒有人提出這些設施的目的為何。而我注意到的是，相信你們所有人也這麼認為，海軍中的某個人想要廣泛研究海底。我這樣說是因為該計劃需要使用能夠在深溝中操作的巨型鏜床以切入地球的地殼（譯按：潛盾機）。現在，我們忽視他們的具體意圖是不負責任的。最可能的假設是海軍希望監視地外生物的水下和海外基地，這些可能在全球各地的地下秘密行動著。它們在全地球上可能已祕密存在行之多年。所以此需求已提出多年。因此，我建議我們將此提案提交給有權批准的人。然後，我建議隔週將它提交給海軍情報局和海爾・考德威爾（Admiral Caldwell）海軍上將。在ONR態度再次變冷之前讓球先滾動起來。」

「現在，比爾，不要冷言冷語」惠頓說。我收起了我的圖表，緊張的笑聲充滿著會議室。

「你的報告和我們的提案，比爾，應該為其他人提供誘因，向惠特森推薦這個提案沒有任何問題，」惠頓說。「這次，我肯定會向公司提及我們需要為先進研究留出資源。一旦我們從華盛頓獲得初步認可就可以來強化細節和定規格。」

「其他人到底是誰？」吉姆低聲說。「華盛頓？」我低聲回答。「我認為。我以為我們在為海軍工作？」

「好吧，」惠頓總結道，「我認為我們現在應該停下來。每個人都確定您將所有筆記記錄下來並將其納入研究計劃。我知道負擔越來越重，但是有了堅持不懈的努力，我們就可以開始以諸位的技術支援以配合製定一個合理的計劃。好？夠了。哦，希拉請注意我們記錄的時間。好的，我們可以吃中飯了。」

我們都趕緊走出會議室。

「我需要一杯烈酒來鬆馳我的神經。你想嗎？」我問吉姆。

吉姆笑道：「不可思議，不是嗎？在這樣的披露之後，我不確定我能忍受多少胃病。這就像是四面八方都有人在看著我們」。

1.3 不可能的超光速奧秘加深了

「一想到我們正在努力的一切是為了誰，每次開會這都會讓我更加困惑，」我對吉姆說，他也同意。「我想知道，『他們』到底是誰？」

接著，在會議室中又是場可怕歷經十一小時的「雨舞」，我們在那裡敲定了海軍在銀河系和首批十二顆星球的任務，吉姆告訴我，我們應該去實驗室。所以，我們拿了咖啡，然後直奔而出。該實驗室是先進設計工程師使用以完成他們的概念和想法的地方。我們切出卡片紙並將不同零件粘在一起，以模擬研究我們異國情調推進器的系統、星艦、指揮設施和月球／行星的基地構想。

知道吉姆很容易把想法具體化，我鬆了口氣。「我們必須完成我們的功課，同時最好對公司內這些未經宣布的先進設計，做好受攻擊的準備，」我說。「我在那裡和你在一起，」吉姆同意地說，他盯著門，等待著即將到來的洪水。「我們不能讓那些 SOB 將惠頓切成小塊，就像他們一直在做的那樣。」我點點頭，緊握著我杯子的把柄。「幾年前我們就先進設計達成了共識，我們不會考慮任何有關銀河系海軍任務提議的火箭系統或核平台。對吧？所以不要理會埃德爾森那個混蛋的尖叫。讓我們看看這種方式。傳統的方法是行不通的。利用『取消』或『反重力』這兩個術語通常是指任何能夠使太空中的物體能夠克服墜落傾向地球的方法。」「正確，」吉姆同意道。

※　※　※

「我們研究過三種在不消耗能量的情況下取消重力的可能；使用一些尚未發現的重力場和電磁場之間的關係廢止或反能源消耗；用電磁推進來反重力，第三種採用基於現有物理狀態原理下的反重力裝置。」

「當然。」「你和我選擇了第三，愛因斯坦的等價原理，這是廣義相對論和重力論。」

「那就對了。」

「所以，這並不是一些神秘的吸引力，就像埃德爾森說的那樣。這就等同是力場加速度，我們並沒有取消重引力。反而，一切都在引力的吸引範圍：就好像東西在真空中，在地球各處或任何其他行星重引力場中一樣。電磁設備幾乎沒有重量損失，也沒有額外攜帶燃料的重量。」「儘管如此，我們必須讓他們理解這一切，」吉姆說。「這將否定了從地球軌道上的太空站一次只單獨發射一艘太空船的概念。」

※　※　※

「的確」我補充道。「我們不需要當初提議第一枚月球火箭的那種發射場。（後來成為NASA的阿波羅第三十九號複合射場）。我們也不需要太空站月球發射台。我們只需要機庫。這就像我們的海軍航空母艦在一九三〇年代後期那樣，美國海軍的航母（Aircraft Carrier）梅肯飛船（U.S.S. Macon）起飛了。照片所示即為給飛行戰船加油。我們的系統將允許海軍上將康威，從他在聖地亞哥海軍太空站的航天母艦上發號『聰明地搬出』的指令，就能讓美國移到阿爾法半人馬星座上執行任務。吉姆你知道，我不認為他們明白。他們也不明白我們星際之間的海軍作戰時間是以光速或更快的平均速度移動。那速度是每秒行走一八六〇〇〇英里。而我們所提議的一些較大的戰鬥巡洋艦可能會以三倍光速移動。「基本上，」吉姆總結道，

「我們的工作已經完成了。」

美國海軍的航母，齊柏林飛船

1.4 了解真相又多話的人命喪黃泉

一九五三年經過廣泛研究，先進設計得出結論：不明飛行物實際上是行星際太空船，由極其先進的外星生物駕駛。具體而言，我們認為它們是我們這個星球遇到的最大威脅。這也是民間飛碟調查會 CSI（Civilian Saucer Investigation, CSI）所得出的相同結論。有人因此命喪黃泉——特別是那些了解情況但又多話的人。這始於第一任國防部長詹姆斯福雷斯塔爾，也是前海軍部長。然後是在達拉斯遇刺身亡的約翰甘乃迪總統。接下來，在酒店中遇刺身亡的鮑比甘乃迪（Bobby Kennedy）。誰能忘記一九六二年八月五日瑪麗蓮夢露躺在約翰和鮑比與她分享的床上？但為什麼是瑪麗蓮？對我們所有人來說太過分了；瑪麗蓮真的是虧大了。開個玩笑。

1.5 一九五一年：NOVA概念之前，外星人一直在影響我們的宇宙飛船設計

使用克倫佩勒的四種推進方案，埃爾默．惠頓投下聖水，吉姆和我被要求定義海軍恆星探索任務。我們還被要求配置幾個非常大的海軍宇宙飛船，以能夠滿足這些任務的要求。埃爾默惠頓召集午餐後在智庫會議室召開先進設計會議，以便我們審查該提案。我們十五個人參加。惠頓說：「我不希望公司參與這種設計方法。我以前已說過。我不希望前台辦公室的人來這會議室開會。智庫是一個獨立的絕密組織。我很擔心，某人正要讓他們進來。我知道他們一直試圖將權威伸向此地，但是他們只支付我們的租金。請記住，我們不向他們報告。」

吉姆總是接著問，「那我們究竟向誰報告？」「憋著，吉姆，」惠頓說。「你知道我們不討論這點。」然後克倫佩勒迅速繼續描述反重力，因為這適用於海軍太空飛船設計。我打斷話，從我的任務要求清單上說明，我的船配置將是水平的，如a戰艦，而不是像德國V-2火箭一樣垂直。然後我開始詳細說明如何利用光線武器（light ray weapon）系統的想法。我們不需要燃料；太空飛船需要自給自足，所以這艘船需要反重力推進。空氣動力學首席威廉．奧斯瓦爾德博士（Dr. William Oswald）說，如果我們飛往金星，以1g的重力加速度飛行十八小時，之後，把加速度反過來，理論上在發射後三十六小時可以降落在距離地球二五〇〇萬英里的金星上。宇宙飛船的速度將達到每小時一四〇〇〇〇〇英里，或約每秒四〇〇英里。」「那麼，好吧，這是什麼意思？」

惠頓繼續說道，「這意味著我們也可以走出去，這不只是外星人的專利。我們已經知道除了天狼星（Sirius）、阿爾法半人馬星座和 M-31 的仙女座星系之外，還有更多的其他外星人存在著。我有一種強烈的感覺，其中一些是來自其他銀河系。「更具體地回答你的問題，」我接著說，「這些想法在我的大腦中體現出來並呈現某些配置的圖像。他們告訴我，這些是唯一會遇到的某些威脅，我應該不惜一切代價將之完成。」我開始草擬基本配置和所需的必要組件以完成任務，說：「你知道，吉姆，我們道格拉斯的人能看到整個武器系統計畫的全貌，或是清楚我們自己設計出的太空船的人，真的不多。大多數博士生在先進設計下非常擅長分析細節，但他們對大輪廓的看法卻有限。但我不知道約翰遜（Johnson）如何趕上他的設計，就像他從赤道附近發射的小型 NOVA 星船（如圖所示）。

（後來，我為 NOVA 開發了發射控制中心程序，我的設計如圖。那是我在一九六二年一個備忘錄中設計太空需求的簡表。）

「你怎麼醞釀你的想法？」我問吉姆。「你知道，比爾，」他回答說，「就像你一樣，我有時候不知道靈感從哪裡來。這些想法就出現了。嘿，還記得那些近地恆星和銀河系表去年克倫佩勒博士從加州理工學院那裡拿給我們的嗎？那麼，阿爾法比鄰星最初即是作為尋找外星生命形式及其家園的首站行星。」

我興奮地想，驚叫道，「吉姆，我在腦海中已浮現出這些巨大且長為二十公里的外星母艦在銀

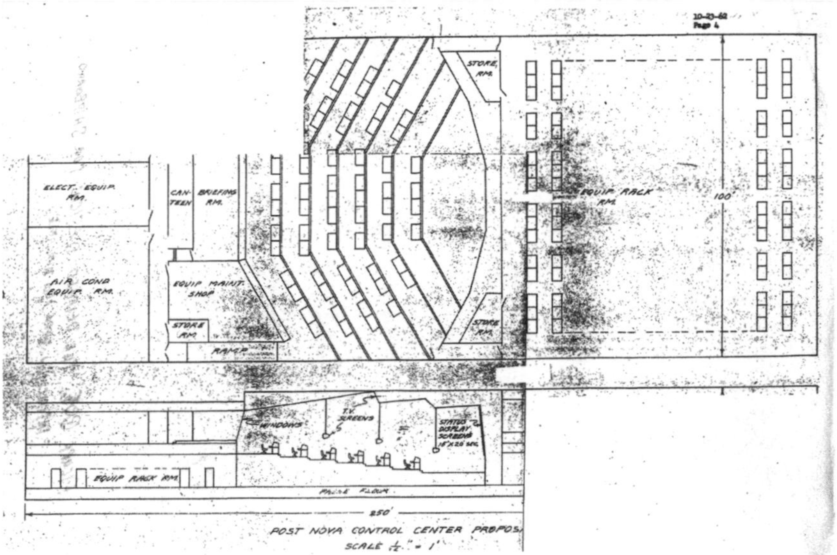

比爾為 NOVA 開發了射後控制室

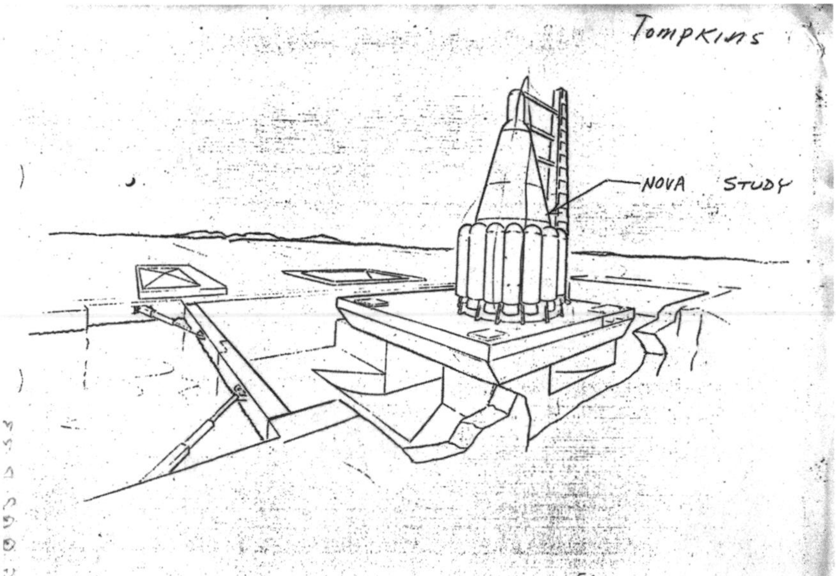

比爾為 NOVA 設計的發射概念頗具優勢

河系中巡航，而且他們總是攜帶軍事武器。」

「白帽子還是黑帽子？」吉姆問道。（如序言中所述，黑帽外星人促進了對我們社會不好的行動；或說是一個邪惡的議程）。

「有些似乎像我們的海軍戰鬥群，和平地巡邏著。但有些卻是充滿威脅，要征服世界。我曾經想過這些外星飛船正在摧毀整個行星文明和吸乾資源。我甚至想像過他們船上的某些零件可用於我們太空船載體和巡洋艦的配置。

「每當我有這個夢想，我都會驚慌失措地醒來，就像一個信息植入我腦中，出於某種原因來警告我！吉姆，我有種感覺，有一些外星人生命形式不只是來自我們的銀河系，而是可能已經提前數百萬年已在宇宙巡航。你有沒有這樣想過？」吉姆把手放在下巴上，想著：「嗯，是的，但我的想法幾乎總是充斥著壞人，就像在飛俠哥登（Flash Gordon）報紙漫畫中一樣。你認為這些願景在哪裡？來自哪裡？為什麼而來？」

我不得不這麼推測。多年來，我們有些思想家只是將自己的信譽放在首位，從來沒有意識到我們可能經常從一個心靈感應小組或者幾個外星人群體接收信息。他們是一直在影響我們的武器系統和宇宙飛船的設計。從而完成了他們的任務——儘管「他們的任務」對我們行星地球並不一定是最好的任務。

會有些組織試圖決定「他們的議程。」

第②章

民間飛碟調查會（CSI）無預警的被解散了

民間飛碟調查會是由南加州航太公司對飛碟感興趣具高素質的工程師們所組成，CSI試圖找出全世界所有發生的不明飛行物目擊事件。瓦爾特（Walther Riedel）博士領導了這個組織。該組織私下作業已超過十八個月，幾個月來，CSI持續不斷調查。直到一九五三年冬天，有人來偷走了我們的檔案。結果，我們的團隊被解散了。這一天我和全國航空協會（NAA）的瓦爾特（Walther Riedel）博士通話並問他到底發生了什麼事。我們這個非官方組織在此計畫中已努力工作很長一段時間，現在我們面臨得放棄，卻沒有人問發生了什麼問題？有超過一六〇〇名目擊者的報告和案例文件。誰拿走了文件，他們把文件帶到了哪裡？瓦爾特搖頭，如果他知道，他會告訴我，但他在NAA的上級不會觸及這種情況。他會得到和我一樣的解釋。我們持續在做CSI的工作，成員有洛克希德臭鼬工廠（Lockheed Skunk Works）的凱利強森（Kelly Johnson），傑克諾斯羅普（Jack

Northrop）和其他在傑克工作室的夥伴：我們埃爾塞貢多（El Segundo）分部的海涅曼博士（Ed Heinemann）、克萊姆和厄爾。我曾經支援過瓦爾特，但我一直都是匿名的，因為我們是最接近真實的事情。瓦爾特認為在CSI中有三家公司參與調查不明飛行物現象。

NAA的調查工作與公司的推進（火箭）發展有關，也同時和道格拉斯飛機公司（DAC）、埃爾塞貢多、洛克希德和諾思羅普這幾家公司處理外星飛船墜毀的逆向工程有關。他們也直接影響了道格拉斯研究外星人威脅的任務。我們得到了JPL和CalTech的小道消息。瓦爾特認為有些北美公司的目擊事件通過Life和Time雜誌已向公眾公開。但臭鼬的凱利、諾思羅普的傑克和我們在DAC的工作人員正在調查和研究存在於地球上的外星人。有人問我過去是否使用過「系統工程」這個詞。這是我一個主要的武器系統概念，我告訴他們有，但那時我還無法進入這概念。我知道諾斯羅普正在做什麼。但我想知道凱利強森是怎麼做的。瓦爾特告訴我，基於CSI董事會向他提出問題，他們似乎試圖設計和建造外星飛船，卻拿不到真正的外星材料。我們都和瓦利（Jacques Vallee）談過（一個很有幫助的年輕法國人，參與不明飛行物調查）。瓦爾特相信，瓦利是認同凱利對市場上一些高行情飛機的看法。但是我們的處境還有其他因素讓事情變得更複雜。現在看來，我們正在處理許多敵對、非常聰明的生物，他們正在使用令人難以置信且技術先進到完全超出我們想像的系統。他們的任務似乎都不同。我們軍隊中沒有任何東西能阻止他們完成這些任務。

2.1 外星人統治地球的訊息

民間飛碟調查會（CSI）地址是 P.O. 1971，洛杉磯，加利福尼亞州。

瓦利認為我是道格拉斯秘密研究小組的知情人。在一次特別長的會議上，瓦利洩露了他「關於行星聯合會的知識」——一種類似銀河治理力量來限制外星人流氓行星威脅其他行星的組織。基本上，瓦利以某種方式被選中，與他們接觸，並接觸到了他們對地球統治的相關信息。對我來說，瓦利似乎知道的比 CSI 董事會成員還更多。

「他們的行動很像國王、女王、公爵等貴族，」瓦利告訴我。「他們不像我們用民主選舉產生政府。他們，外星人，內部溝通和我們不同。」雖然我對瓦利的信息感到著迷，但我得避免洩露任何我的工作，這使得互動有點困難，但我們繼續進行場外會議。回到智庫，我也被選為 CSI 信息聯絡人。我相信埃爾默・惠頓是負責人，但我不認為他會公開參與 CSI。我也負責解釋來自世界各地的外來遭遇信件。這包括所有 DAC 內部有關該主題的軍事、航空和研究文檔。

人們認為智庫有可能成為行星的銀河聯邦（或控制星球聯盟），外星人顯然在我們這銀河系的區塊經營和控制了大約六十顆星。賽恩計劃由空軍於一九四九年成立，目的是調查不明飛行物的目擊事件，後來，在獲得海軍上將德爾瑪法赫尼（Admiral Delmar Fahrney）（海軍的導彈計劃主持人），海軍上將羅斯科・希倫科特（Roscoe Hillenkoetter）和空軍內森・特文寧（Nathan Twining）

將軍的支持下，該計畫成為藍皮書計畫。他們都承認了不明飛行物是真實的而且對地球有威脅。他們與國家安全局綁在一起，誰想知道誰就得保密，即使身在保密世界也是如此。但唐納德凱霍（Major Donald Keyhoe）少校在他的書《飛碟是真的》（*Flying Saucers Are Real*）一書中幾乎全講出來了。當然，事後又被美國政府掩蓋了。

空軍情報官愛德華・魯佩爾特（Captain Edward Ruppelt）上尉，據稱代表空軍調查幽浮，領導藍皮書計劃。魯佩爾特聘請了海尼克（Allen Hynek）博士在技術方面來支援他們調查不明飛行物。他來到洛杉磯（航空中心）去調查 CSI 的發現，從 CSI 公開及私人的會議中發現到我們的資料。道格拉斯、洛克希德、北美、諾斯羅普、加州理工學院和 JPL：我們都是 CSI 的研究對象。CSI 告知空軍（透過魯佩爾特），他們已經確定幽浮是真實的，人類是由外星人控制的，外星人似乎對我們的星球構成了威脅。空軍強制沒收了所有 CSI 文件。他們不希望這種情報洩露給廣大的群眾。然而，經過三年了解，我對賽恩和藍皮書計劃十分感興趣，空軍發布的信息否認不明飛行物的存在及其對美國的威脅。後來魯佩爾特離開空軍，道格拉斯立即聘請他擔任先進設計外星人顧問。一九六〇年九月後的幾個月，他第二次心臟病發作後去世。

2.2 瓦爾特博士對 CSI 的研究：沙漠秘境的三個不明飛行物

我拿了我的公事包出去參加早會，其中包含了我的一些 CSI 文件。這是在上班之前，到 Wilshire 的 Beverly Hills 大道上的咖啡店與 CSI 的主要負責人瓦爾特博士見面。該會由來自加州南部技術最全面、最高素質的飛機公司和大學技術人員所組成，並提供分析報告。他們對不明飛行物體非常感興趣。在嘗試確定他們的來源和任務，並記錄出現在世界各地的不明飛行物目擊事件，該集團主辦了正式的公開會議，並通知如《生活》雜誌等媒體參加——我們道格拉斯沒有參加。相反地，我們私下會見了里德爾博士（Riedel）和 CSI 的其他人。（下圖是我收藏早期 CSI 期刊的副本。）

那時，瓦爾特博士領導北美公司的火箭發動機研究小組，後來成為洛克達因（Rocketdyne）公司。一九四九年，他的同事包括賀德博士，出版了一本《*Is Another World Watching?*》，以下是其協同撰稿人：Werner Eichler、Norton H. Nolson、J.S.Newton（Leif Erickson 機械工程學會會長）、John Danied、Ed Sullivan（NAA 技術文件撰稿人）和 C. Barnes。

為了識別不明飛行物，他們在未公開的沙漠密境設置了測量背景輻射的設備。他們遇到了「無緣無故」的大規模輻射爆炸，同事看到有三個不明飛行物在附近。同一組科學家也決定對此一現象做進一步測試，這也是建立民間調查會的目的。當我走進咖啡館時，瓦爾特博士坐在後面角落的一張小圓桌。當我走近時，他轉移了姿勢，握住我的手說：「嘿，比爾，很棒，你可以做到。」

「這是我的榮幸，」我回答說，感謝他讓我跟上這個有趣的主題。瓦爾特博士的頭髮近乎灰白色，眼睛灰白，略微過胖。從他荷葉邊三套件西裝的側面，他看起來更像是推銷員，而不是科學家。我說，「因為我看到你有一杯咖啡；我也跟著點一杯，我們可以開始了。」在回到桌子前，我們為了保持匿名，他走到窗前，緊張地瞥了街上一眼。我向一位女服務員招手並要了一杯咖啡。然後，我打開公事包拿出以前一直在調查的文件。基本上，瓦爾特博士是我和道格拉斯了解CSI活動的管道。我每次在這種場合都會做筆記。一旦我們安頓下來，瓦爾特博士揉了揉下巴，讓我開始對當前CSI調查進行了解：「針對我們曾經討論過的『礦物俱樂部』的資訊，我有重新拿出來做審視；當時那些資訊是對一九五一年一月和二月所發現的幽浮遺址進行土壤分析。他們在人工磁導（Artificial Magnetic Conductor,AMC）劍橋站的秘密空軍計畫實驗室裡（此實驗室名為『東方』）發現了一個對比的巧合，這裡也呈現了類似的測試結果。基本上，在目擊後不久就開始有了高水平的輻射。」

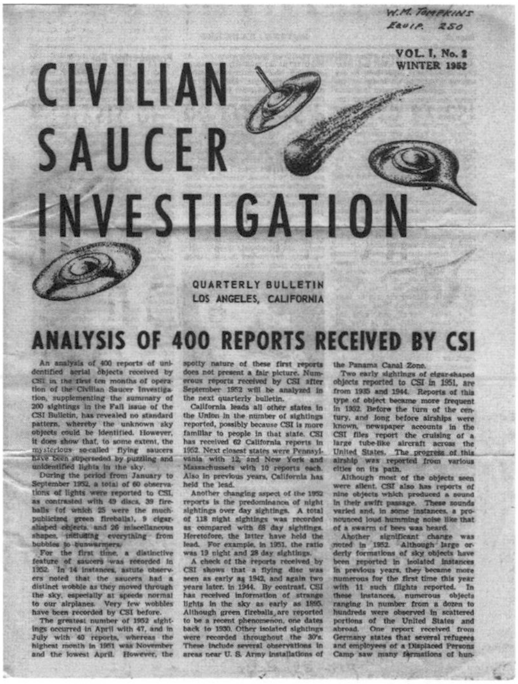

W.M. TOMPKINS
EQUIP. 250

VOL. I, No. 2
WINTER 1952

CIVILIAN SAUCER INVESTIGATION

QUARTERLY BULLETIN
LOS ANGELES, CALIFORNIA

ANALYSIS OF 400 REPORTS RECEIVED BY CSI

An analysis of 400 reports of unidentified aerial objects received by CSI in the first ten months of operation of the Civilian Saucer Investigation, supplementing the summary of 200 sightings in the Fall issue of the CSI Bulletin, has revealed no standard pattern, whereby the unknown sky objects could be identified. However, it does show that, to some extent, the mysterious so-called flying saucers have been superseded by puzzling and unidentified lights in the sky.

During the period from January to September 1952, a total of 60 observations of lights were reported to CSI, as contrasted with 49 discs, 39 fireballs (of which 25 were the much-publicized green fireballs), 9 cigar-shaped objects, and 26 miscellaneous shapes, including everything from bubbles to bunwarmers.

For the first time, a distinctive feature of saucers was recorded in 1952. In 14 instances, astute observers noted that the saucers had a distinct wobble as they moved through the sky, especially at speeds normal to our airplanes. Very few wobbles have been recorded by CSI before.

The greatest number of 1952 sightings occurred in April with 47, and in July with 40 reports, whereas the highest month in 1951 was November and the lowest April. However, the spotty nature of these first reports does not present a fair picture. Numerous reports received by CSI after September 1952 will be analyzed in the next quarterly bulletin.

California leads all other states in the Union in the number of sightings reported, possibly because CSI is more familiar to people in that state. CSI has received 62 California reports in 1952. Next closest states were Pennsylvania with 12, and New York and Massachussets with 10 reports each. Also in previous years, California has held the lead.

Another changing aspect of the 1952 reports is the predominance of night sightings over day sightings. A total of 118 night sightings was recorded as compared with 68 day sightings. Heretofore, the latter have held the lead. For example, in 1951, the ratio was 19 night and 28 day sightings.

A check of the reports received by CSI shows that a flying disc was seen as early as 1942, and again two years later, in 1944. By contrast, CSI has received information of strange lights in the sky as early as 1895. Although green fireballs are reported to be a recent phenomenon, one dates back to 1930. Other isolated sightings were recorded throughout the 30's. These include several observations in areas near U. S. Army installations of the Panama Canal Zone.

Two early sightings of cigar-shaped objects reported to CSI in 1951, are from 1935 and 1944. Reports of this type of object became more frequent in 1952. Before the turn of the century, and long before airships were known, newspaper accounts in the CSI files report the cruising of a large tube-like aircraft across the United States. The progress of this airship was reported from various cities on its path.

Although most of the objects seen were silent, CSI also has reports of nine objects which produced a sound in their swift passage. These sounds varied and, in some instances, a pronounced loud humming noise like that of a swarm of bees was heard.

Another significant change was noted in 1952. Although large orderly formations of sky objects have been reported in isolated instances in previous years, they became more numerous for the first time this year with 11 such flights reported. In these instances, numerous objects ranging in number from a dozen to hundreds were observed in scattered portions of the United States and abroad. One report received from Germany states that several refugees and employees of a Displaced Persons Camp saw many formations of hun-

比爾對當時的民間飛碟調查會態度非常積極

我打斷道，「你認為是空軍故意騙我們，試圖引導我們努力遠離真相？」「他們不這樣做，但是也是有可能的。」「所以，有一條可以追隨的痕跡，」我說，「而且空軍事實上已經有了一點歷練。好吧，我並不感到驚訝。如果每次觀察的樣本中都有峰值出現，物理定量上可否證明這種重複性？」博士解釋說：「由於目擊地點太近，所以很難衡量兩個實例中的樣品，Geiger 計數器清楚地讀取了非常高的值。目擊者在給我們的記錄上說，不明飛行物是在臨時實驗室附近銀色飛行的圓形物體。這幾乎是好像希望我們看到他們在做什麼。」

「聽起來他們正在引誘你的團隊進入沙漠，讓你到達他們想要的地方，」我說，聲音中些許害怕。「為什麼他們會要你過去？他們可能有我們無法看到的地下外星軍事基地；某種形式他們的入口可以偽裝成電磁場而無法進入。可能是他們真的在測試你的能力，反之亦然。還有什麼比設置虛擬以了解你將如何在真實情況下作出反應更好的方法？他們可以通過這種類型的測試建立更好的預防措施。」

「當然！我們也想到了這一點。然而，我們不得不採取防範一以免傷百的措施。昨天我和賀德談過，我提到我今天要和你見面。他說你是道格拉斯秘密先進思想中心的高級分析師，負責定義外星人行動和解決整體威脅。」我笑得很害羞。

「好吧，謝謝你的讚美。但我們在道格拉斯只是一個先進的設計組。」想想看：工作中我一直不斷得面臨非比尋常的想法；但那就是對我們所做的事情給予一種非常奇怪的解釋。瓦爾特博士會知道我所不知道的事嗎？

「在道格拉斯上空，我們有一個類似於你們那種揮動手指的小插曲。在我們工程所邊的跑道上大約七〇〇〇英尺處上空，工程部雷達的亮點發現了常見的飛碟。當飛行器停在空中時，飛行測試人員快速測量。他們盯著他們看，似乎是過了十分鐘。實際上只有三分鐘。」

「我們的測試區域周圍的目擊率似乎越來越頻繁，」瓦爾特博士補充說。「我認為這似乎是另一種監視案例。你的人有在測試任何新飛機嗎？」「當時沒有。這就好像他們只是閒逛，宣稱說『我們』在這裡，你們準備要做些什麼呢？他們進出的速度如此之快；如果我們想要嘗試的話，我們也無法做任何事情。」

他掙扎看著我。「比爾，這可能是幾千年前，這些人技術就變得如此精湛，他們早已發展了離開他們星球的能力。」

我打斷他的話：「離開了他們的星球，現在，他們的戰鬥群正在巡航我們的銀河系。」

「它們從哪裡來的，比爾？」喝了幾口咖啡，他盯著他的手錶。

「對不起，我已經遲到了。我會告訴你任何新的發展。我們應該下週再喝咖啡，同一時間、同一個地方。我到時將從我的團隊中獲得更具體的數據。」

「下次我們可以討論更多有關星際旅行所需的逆向工程信息。您的團隊可能可以彌補我的團隊的不足，以解決一些難題。我只是想再次感謝你對這一切的幫助。」他握住我的手說：「比爾，我們需要每一個男人、女人和孩子都為此工作。就是這樣，只有這樣我們才能保護人類物種。」然後，他走出了咖啡館。

我坐了一會兒，喝完咖啡。我一遍又一遍地在腦海中重複著他的最後一句話。簡單的一句話但重重打在我的心中令我著迷。

我們已與一個遠遠優越於我們的敵人交戰。

以下是一些CSI信息文稿，該頁面是兩頁中的其中一頁，那是約翰·蒂默曼（John Timmerman）早期曾於一九九一年訪問過比爾·湯普金斯時的片斷，這是邁克·斯沃茲（Mike Swords）手記下的筆跡，甚至也暗指編輯鮑勃·伍德的名字。

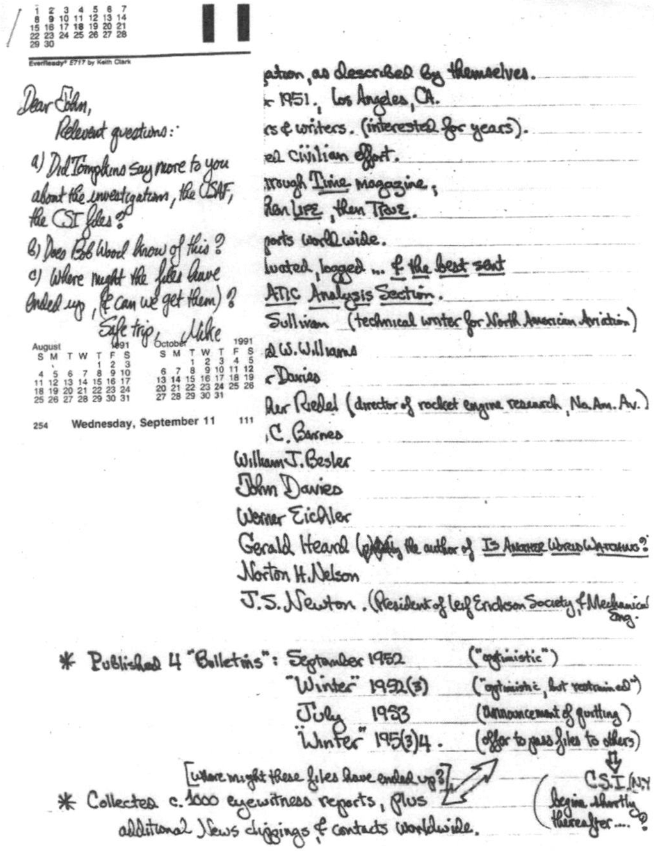

邁克·斯沃茲（Mike Swords）手稿有提到編輯 **Bob Wood**

2.3 NOVA 太空貨運卡車：船體比阿波羅土星載體大四十倍

NOVA 太空貨運卡車和美國空軍 SAC 指揮部

在道格拉斯先進設計組中，我們一直在開發克倫佩勒博士的許多非傳統推進物理概念方案，以及利用其推進方法來設計宇宙飛船。在 NASA 提出申請要求之前，我們花了七年的時間來完成這些 NOVA 太空飛行器概念設計（NOVA 是在阿波羅之前）。船體比阿波羅土星載體大四十倍。因為我們有克倫佩勒博士的推進計劃，經埃爾默惠頓批准，我們再次遠遠領先於 NASA 或任何其他導彈承包商。吉姆詹金斯、麥克戴維斯和我花了很多時間討論和構思這些火箭。我們先進設計的使命是分析推進方案、開發配置、權衡研究，並設計大型太空貨船體。

我個人設計了一個六〇〇英尺高的錐形 NOVA 太空載體，它的尺寸非常大，必須建造一個 1000 × 1,400 英尺的木筏來運送。我們不得不在木筏上建造火箭，然後把它拖到海邊送到赤道發射。我還設計了一個巨大的下降階梯式劇院結構，作為測試和發射中心，將其放在海軍指揮自動化技術系統 C3I（譯按：control, command and communication）指揮艦中。

在為上述設計推進和太空載體的過程中，同時閱讀了克倫佩勒（Klemperer）博士的研究，並審查了所有這些外星飛船對非常規推進系統的衝擊，吉姆告訴我，這個外星人設計的東西只能通過克倫佩勒先前的評論來解釋。「從一種概念到另一種概念的思維，」克萊姆說。他說，如果我們有一個給定的電磁推力，我們可以將 NOVA 12 型卡車與 NOVA 16 整合成一艘太空攻擊艦，能夠承載四十人的戰鬥營並同時支援三十個船員。我認為這個概念很棒，但僅對於我們改裝的重型運輸船設計而言，而不是對 NOVA 的概念。它們將與海軍目前的登陸艦碼頭整合。也同時會讓我們有能力完成初步的海軍／海軍陸戰隊遠征隊的任務——到阿爾法半人馬星座的星系。

2.4 NOVA 之前的調查：萬年前非常先進的太空戰艦

一九五三年在智庫：海軍月球基地計劃

為何建造大型太空飛船？讓我說清楚一點吧。這出現在我們所研究的「這個星球處在你所知道的太空深處」議題下。這是因為萬年前非常先進的太空生物已經設計、開發和建造太空母艦（太空戰艦），並且停放在我們現在的軌道上。然而，正常情況下，他們大部分時間都在他們的星系領土上巡航，並試圖接管一些其他幫派的領土，藉此擴充版圖。這些惡霸都成黨結派自認可以控制成千上萬顆的行星，這些行星又被成千上萬顆恆星圍繞著。我們的太陽恰好位於其中一個鄰邊的小星星。是的，我們這顆小星位於靠近銀河系的某一尖端出口附近。我們的所在遠離了市中心所有的活動：但在我們小銀河星系中心的附近。千百年來沒有人關心壞幫派對我們做了什麼。現在，除此之外，不同的星團每週正在巡航其他星系之間的太空。他們看到這個微不足道的小銀河，是美國的海軍太空戰鬥集團（U.S. Naval Space Battle Group, Wallowa）完全無法保護的境地。就像老鷹看到麻雀巢一樣。我知道我正在過度簡化深水區的威脅，正如康威海軍上將所說的那樣，但是你們看得出事情的樣貌嗎？幾千年來不同的外星軍隊一直不斷的在爭奪對我們星球的控制權。

因此，我們的研究決定，我們需要在銀河系的東南手臂地區的小部門中抬頭：在我們的行星系統上構建接收天線，這對我們的星系洲際彈道導彈是一個抬頭點。參與了這兩項研究，我想了好幾十個階段，前期 NOVA 火箭卡車提供必要的建築材料，並建造表面和次表面海軍基地和地面站。他們支持我們主動提出的海軍月球基地，以研究太陽系的行星及其衛星的主要天線通信及傳感器設施。他們也支持我們對準即將來臨的敵對外星戰鬥群而奮鬥。發射設施總是一個問題。我設計了組裝和 NOVA 太空載體射前檢測設施：一個矩形生產級建築物；一個六〇〇英尺高的空調建築，以模塊式建構具有應變能力。這座建築將通過建造額外的裝配建築來接受擴建為港口。這是為了支持高流量的行星或月球控制站而建立的發射計畫。以上所述的這些創世宏偉計劃起源於智庫。

第③章

阿波羅計劃中NASA的問題調查：外星人摧毀了導彈彈頭

繼續對阿波羅計劃中NASA的問題進行調查，我的部門已經開始進行每週兩到四天的會議，討論卡拉維爾角生產發射設施的初期概念。

想要嘗試把三七號複合射場發射塔給已定形讓土星五號（Saturn V）的火箭載具使用，但卻未被接受。這個骯髒的概念，就像是一個開放的場域，從來都沒有執行過。我們將不得不回到白色房間（無塵室）的概念。不只是用於垂直檢測站上阿波羅太空載具最上一節的S-IVB段，也用於最終組裝和三九垂直裝配建築區的最終組測，這些都可以加到左側，連同S-IVB節L的垂直建築，因為有完善的空調，所以能夠承受五級的颶風。三九號複合射場必須擁有與道格拉斯為設計S-IVB段的實質相同環境。阿波羅上的所有東西，從最小的微晶片到三六〇英尺高的土星五號阿波羅登月車，必須在完全可控環境的無塵空間中進行組裝，作完全檢查。為了滿足德布斯博士的登月時程執行表（每月多達二十個），垂直組裝建築也勢必得進行設計，如此數個增建且相同複合形狀的模型與北美公司 S-II 段才得以加到建築的另一側。我們可以使用相同的發射控制建築來進行未來的土星五號發射任務。但是，我們可能還需要六到十二個新的四〇、四一、四二、四三號複合射場——才能滿足德布斯博士一九九二年的延長計劃。

讓我們來討論研發（研究和開發）在大西洋導彈發射場（AMR）對 C-IB 發射設施的需求。

再一次，我們完全不知道 NASA 對所預期的提案是否有任何想法。我在道格拉斯公司就已明白，美國 NASA 無法管理像阿波羅登月計劃這樣複雜的案子。他們期待來自工業界的領導統御。道格拉斯製造公司正在等待爸爸（Daddy）告訴他們該怎麼做。爸爸不知道該做什麼，但是在工程面上我們必須這樣做，必須自己策劃整個計劃和發射設施，並提交所有內容給 NASA 高層。

NASA 對道格拉斯特別裝配大樓（SAB）此案的合約條件完全是不能接受。

所有空軍和海軍導彈計劃的發射系統檢測一直不斷出現大量的問題。例如，當飛行載體於水平位置時，所有系統可以正常運行；但豎直了飛行載體，如空軍 WS-315 IRBM 導彈，調整成垂直發射位置時，許多電子系統都失靈了，就是因為飛行載體在水平檢測位置與垂直檢測位置不同。（波音公司，因為不是這領域的，所以不會留意到這一點。）

早期 NASA 在大西洋導彈發射場（AMR）的土星計劃，當時 C-1 飛行載體僅由 S-I NASA／

克萊斯勒助推器和道格拉斯 S-4 段組成，德布斯博士（當時的發射行動指揮官）在土星計劃中曾表達了他對整個飛前測試和發射能力的看法。

即使在道格拉斯導彈和太空工程設計中，阿波羅 S-IVB 上也有一個自滿的期許，即是我們很高興成為 NASA 那個大組織中思想家偉大的月球計劃的一部分。

看看 DAC 阿波羅工程組織結構圖，您將看到幾乎所有這些工程科科長在特定的設計領域所關注的議題。他們沒有必要了解整個 S-IVB 系統，只要單獨研究阿波羅登月車、月球和行星任務、組裝／飛前檢查和發射——甚至是到月球去執行任務所需的設施即可。

如果我們在執行任務期間遇到問題需要中止怎麼辦？每個可能的問題都必須先釐清楚。這其中涉及提供的系統檢查和啟動測試設備，不像其他系統設計，這兩項必須絕對可靠。看看道格拉斯工程公司第二次世界大戰期間成功的導彈背景：如空軍 IRBM 導彈 Thor WS-357 最終成為 NASA Thor/Delta 歷史上重型、可靠度最高的液體火箭負載助推器。耐克式地對空導飛彈（Nike Ajax）和耐克宙斯防空導彈（Nike Zeus）反飛彈星戰系統已證明是相對穩定的。在許多 Zeus 研發測試計畫中，額外的彈頭射擊包括從南太平洋的凱賈林島（Kwajalein）發射的耐克宙斯防空導彈導彈。這些設計主要在攔截從加州范登堡空軍基地發射的洲際彈道導彈 ICBM。經經緯儀所拍到的資料照片，外星人在最終目標上摧毀並扭曲了我們的彈頭，任務終告失敗。

我凌晨兩點十分醒來，覺得今年我學到不少的東西，就某些原因來說，有許多是和外星人有關的。我沒看過；但這訊息就突然出現在我腦海裡。如果我對他們的關注再多一點點，我想我可以預測外星人在什麼場景會做些什麼事。很奇怪，我發現這令我不安，但不知何故，也總覺得是有幫助的。

3.1 飛出太空，見證我們不只是數千億星系中的唯一

我告訴你這個故事，是因為我想要讓你知道並說服你去了解，在這個星球上曾經嘗試過的最偉大的事件。我們想要讓這個星球在我們參與之後會更好。我們「最偉大的事件」是我們要飛出太空。無論你是否參與這個未來，這本書是關於你的未來。明白我們很多人經歷過的這一段，這很重要。請姑且相信以下的分析可能是對的：在我們的銀河系內外都有許多行星繞著同樣數量的恆星運行。僅在我們小小的銀河系中，就有三〇〇億顆恆星。而且在宇宙中有數千億星系。我們也假設理論是正確的，在我們整個宇宙外也充滿了其他擴張的宇宙。在粒子物理學中，弦論是一個活躍的研究框架，試圖調和量子力學和廣義相對論。鑑於這一切，如果要我們相信在這片茫茫大海中我們是唯一的一條魚，這令人難以接受。

我是一名航太工程師，挑戰過太空任務也成功了。因此獲得允許而講述這個故事。然而，對人類學家而言，在研究外太空成千上萬種不同文化的同時，要接受即將到來的角色是極其困難的。要我們很自然的發展我們與先進的異國文明和文化之間的關係，將是一個更大的挑戰。在我的第一本著作《外星人選中的科學家》及第二冊《*Selected by Extraterrestrials: My life in the top-secret world of UFOs, Think Tanks and Nordic Secretaries, Vol.2*》中，我將整理一些令人難以置信的文件，作為海軍要到離我們最近的行星執行任務的參考文獻。

一個已完成概念設計的太空工程組長滲透到黑計劃的中心，去了解革命性的太空研究新理論、離子、電磁和反重力推進等系統的開發概念。我們將一起審查系統的運作方式、我們現在的進度，以及最重要的是我們真正要去的地方。

你將會在本書看到有緣者將了解我如何成為一個有宇宙遠見的人，之前發生了什麼，現在真正又發生了什麼，但對你來說更重要的是，你的未來生活會發生什麼。透過了解一些過去和參與我們輝煌的未來，那些夢想著透過巡航壯觀星系來了解令人難以置信的文明的人，將可以透過這任務而開啟不可思議的機會。希望這本書能打開你大腦未使用的一些潛意識，創造一種令人難以置信的熱情，將無限的驅動著你，任何事情都無法阻止你完成不僅僅像阿爾法比鄰星這樣的任務而且還能完成成千上萬的任務並於我們的銀河系和宇宙之外巡航。

你打從心底想要「飛出去嗎？」讓自己遠離那些需要花時間告訴對方為什麼不能做到的人。用相同的時間努力設想可以實現的方式，並同時完成。像愛因斯坦一樣思考，打破規範、從不同角度看事情，讓北歐（Nordics）來選你並發現你隱藏的天賦。

3.2　一九五二年在我們空域的兩架太空母船

一九五二年，在我們研究前 NOVA 和前阿波羅／土星深空星艦的設計時，我們先進設計已確定不明飛行物是短程偵察車母船，與航空母艦不同。我從一九四二年二月當我觀察到洛杉磯發生了大規模的不明飛行物活動開始，我就是持這種觀點。這種母船概念確立了我們所有海軍宇宙飛船研究的先決條件。隨著埃爾默·惠頓批准的所有文件中，我稱我們最大的船是「太空船母艦」。海軍在海上作業（有時沒有補給）有兩百年的經驗，成為我們軍事星際任務的重要經驗。我選擇了我們美國海軍來護衛我們在宇宙中的存在。理由是因為海軍長時間在海上航行，他們擁有所需的專業知識和能應對長時間太空任務的經驗。我把我們所有太空任務的工作都給了海軍。

3.3 智庫內的四四〇〇人／月球是外星人搬運過來的！？

現在是下午六點。我轉向吉姆說：「克萊姆博士的非常規推進計劃……」他打斷了我的話：「我們在先進設計的所有人都花了數年時間，試圖把這計畫推進到執行入軌階段。「他給了我一個激動的笑容。「這仍然有點不真實，」我回答道。「智庫四四〇〇人中，有些人是德國的科學家和工程師，有些是鞋子推銷員。他們都想建造一艘太空船。他們借錢，向農場貸款，當他們試圖用材料建造他們的太空船時，他們往往負債累累。他們似乎認為他們可以簡單地將家人和朋友裝進他們的船上並飛行到那些遙遠的恆星。」

「很多人做蠢事，」吉姆聳了聳肩。我喝了一口咖啡。

「想到這個，他們其實都想離開這裡並因某種原因開始新的生活，像萊夫·艾瑞克森或哥倫布那樣。」

「據說他們是為了找到一個更適居的氣候環境，」吉姆開玩笑說。

「好吧，既然你都這麼說，是的，真的很奇怪，先進設計中沒有一個人解釋為什麼這麼多人在做這麼複雜的努力。」

「美國於一九三〇年代在新墨西哥州測試他們設計的火箭，」我說。

「歐洲人也在嘗試同樣的事情，但並沒有任何線索看到繼續做同樣的事。雙方都沒有意識到其他人也試圖做同樣的事情。巧合？智庫中沒有人證實這個。想想看，當化工廠成為下一個熱門的議題時，這裡卻幾乎沒有一個人對這感興趣。除了『異國情調』之外，沒有人對任何事情感興趣。」

我興奮到無法自己：「靜電力加速器、光能量、離子推進、電子振盪器、電磁、抵消重力……」

「是的，比爾，」吉姆嘆了口氣。

我無視於他的閒晃。

「很多人都不懂工程數學。他們甚至不知道哪種材料可以承受所涉及的溫度！要知道，在德國希特勒上台之前，很多人已經在做這樣的事。」

「克萊姆來了，」我說。他喜歡我們這樣叫他。

吉姆用肘碰擊我。「問他。」

「嘿，克萊姆。」

克萊姆向我們走過來，他看起來比六十二歲還要老。他轉過身，清了清嗓子。「現在要做什麼，比爾？」

「克萊姆，讓我了解一下這裡的歷史。你任何的發明或計畫都得到學校的補助嗎？」

「惠頓問了我同樣的問題。這都不是我們能夠決定的，」他回答說。

「有些人接受過培訓，是的，但是也有些人在自己獨立研發推進和航天器。他們在先進科學上不受任何人的影響，希望有回答到你的問題。」

克萊姆皺了皺眉頭。他似乎不願意解釋。「現在，是的，關於在我們的 RLR-744 非常規推進中這個問題的技術論文已有很多，但正如你們兩個都知道的，需要真正突破的部分都沒有，就像柏林那位鞋子銷售員一樣，他的靜電強制加速裝置還算堪用。」

「然後，誰指導這些人工作？」我問道。「為什麼他們一開始就發明」這些東西？克萊姆，我不明白。」

「不要叫他『克萊姆』，比爾！」吉姆不得不挽救他的尊嚴。「他是『克倫佩勒博士。』」克萊姆只是笑笑，緩解了緊張局勢。

「沒關係，吉姆。你知道我喜歡和你們兩個大男孩一起聊天。」

「好的。」我點點頭。「但是你們 RLR-744 非傳統推進方案有一四四二個人，至少一半的歐洲人試圖脫離這個星球。到底怎麼回事？」

「好吧，比爾，冷靜。」克萊姆舉起雙手，揉著下巴。「無論出於何種原因，我們幾個人都有這種感覺，某些外星人一直透過心靈感應影響這些發明者；影響他們發展能夠離開地球的能力，」

「這個我們知道，」我說。「但我仍然沒有看到外星人想要幫助我們的明顯原因。他們是出於自身利益，對吧？為什麼要在銀河系飛行的途中來到這裡，然後再隱形影響人類實現這些物理科技發展？」

「這樣想好了，」克萊姆說。「我們在先進設計領域擁有二十六名博士，還有三十八位其它領域的工程——專家——我們經常視需要拉入其中一些人。不講別人，你們兩位要切入智庫的需求都不容易。這就好像你已經想到了他們，也知道答案，同時確定有些需求並不是那麼的必要，因為有一種想法能提供更強大的能力。」

等等，克萊姆似乎不費力地找到最好的方法表達他自己的想法，說著，「相信我，我已經好好想過幾次，但我仍然不知道為什麼。你們兩個已經點到了核心問題。在某種程度上，你就跟一四四二位——發明家一樣。有時，你通過一個更大的窗口向外看，可以看到三維、四維，甚至五維的東西。」

「你，比爾，你個人思考已經遠遠超越了智庫中的每個人。你似乎總是在思考我們在銀河系中存在的深層問題，或者宇宙中存在的深層問題。當你開始一個新計畫時，有時你似乎是個觀察者，生活在一種元素中，允許您查看和構思每項新任務來符合銀河系運作的需求。在同一空間裡，你似乎也利用這個系統來製造星艦，滿懷熱情地到達宇宙的角落。你的問題在我們一些人來看也是非常重要。正如我們所知，我們正經歷著面臨文明化最複雜的問題。」

「根據已證實的消息：康威海軍上將已向福萊斯特的人報告，並說不同的外星飛船已經飛過我們上空，並將繼續飛臨，進入我們限航的空域。他們飛到我們每個秘密的核研究設施上空。當我們的海軍和陸軍空軍戰士爭先恐後地接連升空為了逼外星人降落，外星人也不甘示弱地將所有飛機擊落。我們的巡邏機甚至遭到攻擊和摧毀。他們使用一些未知的射線武器殺死我們的飛行員。

「自一九四八年初以來，我們的飛行員被命令攔截並擊落所有未知入侵者。因為我們失去了許多頂級飛行員和試圖追逐不明飛行物的飛機，現在命令則改為，『攔截但不要射擊，除非不明飛行物明顯有敵意。』這個命令從未被撤銷，這意味著我們已經處於與幾個外星文明敵對的戰爭狀態。肯定不止有一種外星人種，從來沒有嘗試與我們的軍隊溝通。現在是外星人的威脅。他們甚至在白沙攔截了我們測試的導彈，讓我們任務失敗。」

「克萊普？」我仍然讚不絕口。「我確實像是隔著圍欄在看事情，我緊握著指甲。感覺先進設計人員正第一次看到這個巨大的宇宙。攔截，但不要射擊，除非是遇到部分外星飛船有明顯的攻擊敵意。」「比爾，這就是我以一種比喻來回答你的問題。」

「有一個問題，」吉姆說。

「你們兩個人不僅只有一個問題，繼續問吧，」克萊姆說。

「在第二次世界大戰中，希特勒是否聽說過這一四四二人，並且抓了這裡面一些人？」克萊姆看起來很緊張。「先生，你問錯了人。不過，我會告訴你每當 SS 在他們的調查過程中發現任何一名發明家時，他們就會逮捕他，沒收他們所擁有的一切，並將他們運到地底下山內的一個研究室，然後要他們做星艦機器的工作。」

早上十點，是喝咖啡的時候了。我還在智庫。我對吉姆說：「這不是我們的。」

「什麼不是我們的？」他回答道。

「月亮；這不是我們的月亮。」

「不要胡說，比爾；火星的衛星屬於火星；他們有業主的合約。」

「不足為奇；我剛剛看到另一道閃光，它甚至不是月亮。是一個站。」

「比爾，沒有火車在月亮上運行，你知道的。」

「好；吉姆，放輕鬆。我指的是一個外星人的海軍作戰設施，一個外星人的海軍基地。其他什麼也沒有。」

「這閃光的顏色是彩色還是黑白？」

「記不得了；我想…… 彩色；沒錯，大部分閃光都是彩色的。」

「好吧，比爾，外星海軍在我們的月球上做什麼？」

「閃光表示它絕不是我們的月亮；外星人把它在數萬年前從銀河的另一個地方拖到這裡。」

「哦，比爾，等等；你離題太遠了；那是不真實的。」

「不，吉姆這該死的東西沒有核心；上面充滿了大城市。」

「城市？」吉姆在我的肩膀上抓著我說：「比爾，讓我幫你把椅子擺在你面前，你可以暈倒在你的椅子上。」

「我很好，吉姆；它就像裡面的四十八個州……聖貓，吉姆！我現在又回神了。我全身一陣冷；我可以看到裡面。那裡有成千上萬的建築，大面積的開放區域。上千的實體、蜂箱，像透明建築物。數百個控制中心、數百萬個實驗室。軍事研究、醫學等等。沒了；現在看不見了。但是，吉姆，那種冷令人顫抖——這是我曾經遇過最糟糕的狀況。我有點暈眩。男孩，他們那次真的打了我，吉姆。」

「你看起來臉色有點蒼白，比爾；你確定你還好嗎？我也有這樣的經驗，但從來沒像這次打的我這樣痛，」吉姆補充道。

「你知道，吉姆，月亮不像太陽系中的其他星體，它本身不自轉。」

「是的，比爾，我很長一段時間也對此感到疑惑。」

「吉姆，我覺得我們真的遇到麻煩了。」

3.4 用子彈射擊子彈：設計大型星艦以對抗外星戰鬥群

要與NOVA一起上月球，我們必須使用耐克宙斯反彈道飛彈系統工程概念

一九五四年一個早春的早晨，外頭未知威脅的壓力令人難以置信。「在這個關鍵時刻，你不能讓比爾退出先進的設計，」克萊姆博士對埃爾默說。

「現在沒選擇了；白沙基地上的宙斯飛彈飛彈周圍都燃燒著火焰。」

「埃爾默，我現在沒有人可代替他。」

「將吉姆從我們正在處理的組織中拉走，並把他併進比爾的海軍月球基地計劃。」

當我們設計大型星艦以對抗敵對外星戰鬥群的同時，我們試圖找出用子彈射擊子彈的技術。能每次在太空中抨擊他們的先決條件是必須先把火箭打到月球上。

道格拉斯工程公司，在二十世紀五〇年代的冷戰初期，也生產美國陸軍的耐克式地對空導（飛）彈和勝利女神防空導彈（Nike Hercules）防空導彈。所有的導彈都是在美國和歐洲的城市製造、測試和部署。現在，想想我是如何為了移動勝利女神防空導彈地面支援研究工程變換發射設備而被拉出智庫（該國最機密的中心，設計海軍太空戰鬥巡洋艦）。他們說，這只是很短的時間，他們真正想要的是我可以確定哪些勝利女神防空導彈系統可以應用於耐克宙斯防空導彈以減少開發時間。我還是頂級秘密耐克反飛彈系統（ABM）高級設計的主概念設計師。這包括一個巨大的地下飛彈射控台／指令控制中心，以及與地下矩形導彈發射井相連的一整套隧道。耐克宙斯防空導彈（道格拉斯稱 DM-15）武器系統，包括導彈地下筒發射器，已在波士頓附近建造完成。與此同時，我們在白沙試驗場遇到了令人難以置信的導彈試驗作業的問題。

埃爾默和我帶了一條短褲隨一架滑行海軍 C-118（DC-4）飛機，直飛新墨西哥州埃爾帕索。正常的著陸之後，我們的現場測試經理保羅迪勞，在螺旋槳還未停止轉動之前抓住了我和短褲跳下飛機。在那個狹窄的道路上以八十英里／小時向北飛馳，直接衝進要簽名才可進去的測試中心門口。

隨著兩名陸軍衛隊的緊追，我們正好穿過鐵絲網門。我們已進入了第二道嚴密防守的絕密測試區而以六十五英里／小時的速度行駛了幾英里，駛向機場外的出租車區。現在，有五輛偽裝車在我們的車尾，我們不停地直駛向道格拉斯導彈裝配機庫前行，車經過 N3 跑道盡頭。我們朝西北方駕駛大約三十三英里處有很多設備的空地，人員已聚集在我們 DM-15 耐克宙斯防空導彈台周圍。

保羅的助手在安全軍警的幫助下讓尾隨的警察離開。這個早上的試射是我們計劃目標中第十四次飛測，他們正在準備靶彈。我問道，「他們真的扭曲了導彈的表面嗎？」史賓爾無視我的問題繼續說道，「混蛋的通用動力公司（General Dynamics, GD）將不會讓我們在目標區域用不同的時碼。我們從私人拍的兩個經緯儀相機上得到了三、五公分清楚的跟蹤影像。不，比爾，他們實際上沒有碰到我們的鼻錐，他們只是使用某種光束扭曲了導彈。」

「比爾聽好，」保羅說，「我不知道埃爾默聽到什麼，先回到聖塔莫尼卡是最重要的；但在現實世界中，這些外星人正與我們交戰，對我們來說是很明顯的，我們無法阻止它們。耐克宙斯防空導彈肯定不能勝任這項任務。你告訴埃爾默。是，你知道我們可以用DM-15摧毀邪惡帝國朝我們射擊的任何東西；但險惡外星人的存在是我們真正的問題。」

「保羅，我會和你一起奮鬥。」我回答。圖為發射台上的耐克宙斯防空導彈。它能夠非常快加速到高超音速以攔截敵方彈道導彈。

耐克宙斯防空導彈武器系統最終被陸軍蓋茨將軍接受（指揮官、導彈系統、導彈測試系統計劃主持人），四方混凝土中間是垂直導彈發射井和相控陣列雷達接收和發射天線，整座建在太平洋的凱賈林島上。這是第一個星戰導彈系統。在智庫幾個月後，確認整個系統，我們就與陸軍簽訂合約，以設計、製造和測試一套完整的鐵氟龍／鼻錐DM-15耐克宙斯防空導彈，基地在麻薩諸塞州波士頓市外。

我花了三個月的時間進行耐克宙斯防空導彈地下發射器和控制中心圖形的細部設計，詳細介紹了大多數人都無法想像這個龐然大物的尺寸、星球大戰型的地下城，擁有三十英尺高的鋼筋混凝土牆。以樹作

Aerospace News In Views

NEW LOOK AT NIKE ZEUS—Army Nike Zeus anti-missile missile is shown in new tactical configuration above. First firing of "canard" design occurred last month at White Sands. Below, Hughes helicopters cut tight flight formation. Model 269A is going into production and will cost $22,500 per copy. Operating cost is said to be $10.65 per hour.

圖中所示為已改良之宙斯反飛彈

圍阻的導彈跟蹤雷達建築是該地區最引人注目的特徵，一個巨大的金字塔形結構，包含四個固態相控陣列雷達天線。這是突出地面上的唯一結構。我說固若金湯的意思是：美國國防部（DOD）規範要求該設施即使在接近十五兆噸氫彈命中後，仍然能夠發射導彈。

之後，我仍然參與了發射控制中心的不同監視器圖形設計，（導彈準備行前測試和發射）。那段日子裡，我經常回到新墨西哥州的懷特白沙基地，在那裡我們仍在測試射擊我們的 DM-15 耐克宙斯防空導彈測試導彈和改良型戰術系統飛行前的測試檢查和啟動操作。在試射期間，我們於低空厚厚的大氣層中，當導彈速度達到超音速（Mach 1）時，火箭發動機燒完，降落傘會開傘以使測試導彈軟著陸，並允許恢復和發射後檢查。

降落傘置於導彈中心位置，使導彈降落在水平位置，留下不受地面撞擊的鼻錐。在著陸後做飛後檢查，很難相信這些導彈的鐵氟龍鼻錐會像熱黃油一樣流出來。而鐵氟龍是先前戰術上的導彈鼻錐還從未使用過的。

在幾十年的耐克宙斯防空導彈測試過程，我來回新墨西哥州南部 Tularosa 盆地（羅斯韋爾附近）的白沙試驗場多達六十幾次。期間包括測試和檢查所有類型的導彈發射。在道格拉斯發射場基地的人們，不斷地在我背後討論不明飛行物的各種目擊經驗。每次我到那，他們都會要我解釋在基地周圍，外星飛船一些新奇古怪的空中性能。就像我說過的，我是工程學專業的信息傳播者，我對克倫佩勒和埃爾默·惠頓博士負責，他們戴著兩頂帽子，有双重身份；既是總工程師又是所有機密導彈和太空系統計畫負責人。仍有百分之九九、九的人不知道，惠頓是研究反外星威脅極秘密的智庫或先進設計團隊總工程師，有時也被稱為先進設計。

當我回到聖莫妮卡時，白沙基地的人總是盯著我問我看到了什麼。很多時候，他們開車帶我去沙漠，向我證明他們看到不明飛行物著陸的證據。向西再到聖安德烈亞斯山脈（San Andreas Mountains）、白沙東南部的真相或結果（Truth or Consequences）範圍、以及在羅斯威爾範圍內的阿拉莫戈多（Alamogordo）東部，我們正在尋找一個被認為是明顯有不明飛行體著陸的地方。我們從未發現任何實際零件，但我們確實在上面幾個地方發現了非常不尋常的振動和嗡嗡聲。他們停放的地方通常有三點著陸裝置印記。基地追蹤人員在試射期間紀錄了部分導彈覆蓋影像。圖像顯示跟著我們導彈之後有小飛碟，其中繞著飛彈打轉的次數不到跟蹤次數的百分之二十。他們會在我們的導彈前拉動一個不可能的一八〇度轉彎，瞄準導彈，然後在撞擊之前拉開。在那時間，我們不確定外星人是否阻止我們完成導彈成功測試。但是，導彈試驗計劃不斷受到外星人的阻擋，後者讓整個計劃的發展受挫。

所以，現在我在一萬八千英尺高的道格拉斯 DC-6 中，距離離墨西哥華雷斯以北僅一英里的埃爾帕索，離著陸只有兩個小時。我在想，「我們如何解決外星人給我們這麼多混亂不同的問題？」近地面時空氣異常不穩；我們甚至遇上一個大的風切，導致我們的左翼過度下沉，降落粗糙如蟹行。帕克，我們的頂級現場站代表之一，在行李提取處遇見我。「比爾，很高興你終於來了；我們遇到了麻煩。坦白說，我很害怕。」

「黑帽子？」「是的，他們真的搞砸了我們的發射，他們甚至搞砸了我們射前檢測。我們正在逐步解讀您的系統方塊圖，但它們在某種程度上似乎是如電子般的穿透我們的電路；真的很奇怪，比爾。」

「好吧，等一下。是聖莫尼卡什麼人掩蓋了問題？」傑布問。

「還記得喬治戴維斯（George Davis）十八歲的舊女友嗎？」

「是的，他們最近結婚了。」

「五週前的一個星期五晚上，他又把她帶到這裡，住在華雷斯的一家酒吧裡，與我們同一家汽車旅館。」「開玩笑傑德；當他為我工作時，他把她帶下來，我告訴他，『如果你這樣做，我會解僱你。』」「他的大腦有什麼問題，傑布？」

「他是一個聰明的孩子，比爾；一個該死的好工程師。他自己永遠不會這樣做，但就像是有些東西在影響他的頭腦。」「你的意思是可能有東西在下指令？」

「不知道，但你比我更了解這一點。」

「比爾，你也知道她的樣子；一頭金髮碧眼，穿著短褲和裸露的腹部，圍繞著汽車旅館慢跑。當他們兩人進入那個骯髒的酒吧時，就是這樣。報告裡說她喝完酒後走進大廳底的女廁所，然後，再也沒有回到酒吧。比爾，你知道那些該死的墨西哥人怎麼看金髮女郎的嗎？我們的邊境巡邏隊和墨西哥警察都在找她。兩周前，一名海軍特種情報調查員在南華雷斯（south Juarez）發現了她的屍體。初步驗屍證明，她已經死了好幾天，遭到嚴重毆打且遭強姦。」

「你是怎麼做到的，傑布？」我問道。

「比爾，你知道，這個地區在一九五七年以前到現在，整個生活圈發生了一些非常奇怪且前所未有的事情。這讓很多人擔心。」

「譬如說，傑布？」

「兩周前，來自通訊部的雷．米利坎（Roy Millikan）正在尋找他們的一架飛機，該飛機掉落在基地南方 Truth or Consequences 的山區。他的海軍 F6F-1 引擎故障，並試圖在瀝青路面上著陸。當他感到全身發麻時，離地面大約一百五十英尺；落下時 F6F 顛倒了。比爾，雷在海軍預備隊是一個好飛行員；你也是一名前海軍飛行員，可能也駕駛過格魯門公司的 F6F 飛機。」

「不，好像是 TBF-1。」

「嗯，傑布說，他一直在飛那架特定的飛機，而且天候完美無缺。但是，他無法將其拉回到水平。所以，他撞到了路邊，左翼先著地然後一個翻滾，手臂三處摔斷了。他身上傷痕傷痕累累，但無大礙。他說軟污泥救了他。他說當時也沒有風，這是事件變得怪異的地方。此時，他的妻子，卡爾感到刺痛，倒在辦公室的地板上，摔斷了胳膊。她運氣真的壞到底。」

我們知道，在凱賈林島進行的終端測試中，耐克宙斯防空導彈被阻止以防止攔截從范登堡升空的空軍洲際彈道導彈。

從經緯儀跟蹤相機拍攝的三十五毫米膠片顯示了外星人的太空飛行體進入我們的軌道，並將我們推出與洲際彈道導彈正面碰撞的完美軌道。自一九五五年以來，外來干擾一直持續不斷。事實上，這一直持續到二〇〇五年二月十五日，當新的星球大戰導彈防禦——耐克宙斯的更新配置——未能成功發射。導彈防禦局表示，失敗的原因是凱賈林島的測試範圍內，地面支持設備故障，而不是攔截導彈本身的問題。「真是一派胡言」。

我們還在加州蒙古點（Point Mogu）美國海軍太平洋飛彈測試中心，測試了許多我們的戰術耐克導彈。我凌晨兩點接到電話：「比爾，趕快到飛行辦公室來。」

我以每小時七十英里的時速，穿出塞普爾維達隧道（Sepulveda tunnel）出來後出現濃霧。當我穿過日落大道時，紅燈在我的後視鏡亮了。搖下車窗，我閃了一下我的徽章。警察說，「跟我走。」他轉過身，車子亮起紅頭燈。當我們到達道格拉斯時，霧很濃，我看不到我 Caddie 車的車蓋。

在飛行辦公室與我會面的運營經理瑞克．布吉斯說：「我們現在必須去蒙古點，隨即衝上飛行吉普車。佩里開著 DC-3 一路到跑道的東端底；我們走。」我可以聽到雙 DC-3 發動機的轉動聲。

「到蒙古點，明白嗎？」

「不，那裡已停飛了。但是，佩里說他可以把我們帶到那裡。」

我們花了很長時間才到達飛機。讓吉普車停在跑道一側，我們爬進飛機並關上沉重的門。我們向前走，經過一些被捆綁的導彈電子設備到了飛行員艙。

「比爾，我來開。你坐上副駕駛座位。而且，瑞克，你把自己綁在我們之間有逃生的座位上，」佩里說。

「你打算怎麼把飛機保持在跑道中線上？我看不到引擎。」我問佩里。「好吧，比利男孩，海軍需要你留名青史。真的有一些事正在蒙古點發生，沒有人知道如何阻止它。」

「好的，佩里。謝謝你的讚美但……」

佩里考特尼突然推動兩個節流閥，使引擎達到最大功率。舊的 DC-3 向前飛起。戴著戰鬥機的飛行帽同時，他將頭伸向飛行員的窗戶，笨拙地解開了飛行帽說：「又忘了我的護目鏡。我認為就這樣吧。」隨著咆哮的發動機，振動的機翼和機尾，我們沿著跑道飛起。里克說：「沒有人像這樣在霧中離開聖塔莫尼卡機場。」「難不成你們想轉身回去？」哦，小伙子，我想，我們遇到了麻煩。佩里說：「比利，不要只是坐在那裡，幫我拉回平桿；我想我們準備可以飛了。」是的，我們像一隻鳥一樣起飛。我們使用不到百分之二十五的正常跑道。「小事一件，比利男孩。你不覺得嗎？」

「好的，飛行男孩。一大早就被埃爾默的電話叫醒，提到機庫內發生的事情，急忙中我忘記這是一架空的 DC-3 貨機。」

沿著海岸飛行，佩里回答：「短程；不需要飛太高。」

「等一下，我在這霧中無法看到任何東西。你怎麼能在霧湯裡找到海軍的跑道？」里克問道。

「對了，佩里。那個站有 GSE 來指引我們嗎？」

「有。這是我第一次試圖蒙上眼睛飛。」

「但是，比利，帶你一起旅行，我覺得你的外星好友可以幫助我們下降。」

佩里放開了控制甚至油門。「看，沒有手，」他說。

我們向左急轉彎，左右幾個輕微傾斜後。油門回來了，而且起落架放下並鎖定到位。機鼻拉起，我們輕輕地降落到跑道。

「該死，比我降得更順暢。男孩，比爾，你有超級好友。」

我們同時說：「我不相信。」飛機滑行到海軍的貴賓停機坪，佩里停了發動機。兩名水手擠在我們的兩個輪子說：「現在凌晨四點，一片漆黑。你們是怎麼在這霧中降落的？」

爬下機門口的木台階，我回答道，「道格拉斯有這個星球上最好的飛行員。」

我們走出明亮的安全門，周圍至少有二十名守衛攜帶著自動武器。我們前往 DM-15（Nike）組裝和測試機庫。就在接近機庫，我們聽到一個神秘的尖叫聲。我又想：那是什麼味道？裡頭，起初的光線亮到傷害我們的眼睛。

克林特沃克（Clint Walker）是我們的測場計畫經理，不問我們如何從霧中降落，只是一直握手：「湯普金斯，我很高興你來這裡。」他抓住我的胳膊，跑過排在大機庫旁將近兩列六個 DM-15。他們在不同的組裝階段，並有測試設備，沒有人在工作。他把我拉回來：「不要站得那麼近。我們完全不知道這裡發生了什麼事。你看著這排第二個。」現在他真的在顫抖。他說：「看著它。」導彈已完全組妥，七十五英尺長，它正在搖擺，像蛇一樣旋轉，但仍然裝在組裝台上。它也在那裡發光像小閃電一樣閃閃發光。「你能感覺振動？」

「喔，狗屎，看看第四號。它也開始了。鼻錐向我們彎曲，像要吃掉我們一樣，輻射再次發出脈衝，你能感覺到嗎？」

兩位工程師抓住我們兩，把我們拉出機庫。我也嚇壞了，像一片葉子顫抖著。我們拿著咖啡跑到會議室，那裡只容站著的空間。我和其他人一樣感覺有點噁心。他們說這不會持續太久。克林特直截了當地請大家離開會議室。他仍然非常不安。當那些狀況停止時，他選擇了我們幾個並護送我們進他的辦公室。將所有檔案歸檔後，他鎖上門。我環顧著這相當大的辦公室，試圖看看克林特還找了哪些人。有海軍上將康威和他的助手、查克亨特海軍中尉（Lt. Chunk Hunter）、斯汀韋爾斯將軍、和他的助手中尉黑格（Denney Haig）以及 CIA 的馬森和布吉斯。

「究竟湯普金斯，」克林特脫口而出，「到底是怎麼回事？」

「好吧，由於我跟外星人的接觸有限，你這位紳士已經被點名了。這事件是針對你的反導彈導彈測試計劃的提醒。有人說你發射一枚反飛彈可能可以對抗敵對的星球。但不要指望用你的武器系統來干擾我們的軍事議程。百分之九十九的人不會記得任何與外星人有關的事件。」

「外星人？」陸軍中尉黑格喊道，顯然很容易因為缺乏對外星人的存在有相當的了解而受到驚嚇。將軍將他的手肘卡在黑格的肋骨上要他閉嘴。

事情演變得非常奇怪：六個星期後，除了海軍上將康威和中尉亨特外，沒有任何人記得曾經發生過此事，我們的想法是外星人肯定擁有壓倒性的控制權。

最後的耐克宙斯防空導彈星球大戰測試程序非常複雜、耗費又耗時。外星人繼續責難我們。我們的回應是建立四個大規模的縱向地上混凝土導彈筒倉——更像是八層建築——和一個位於西太平洋凱賈林島島上的雷達系統和巨大的接收天線。凱賈林島上的耐克宙斯防空導彈跟蹤相控陣雷達將感知 ICBM 和發射從四個矩形混凝土筒倉中的其中一個耐克宙斯防空導彈，軌道朝東沿太平洋沿岸移動，以攔截洲際彈道導彈彈頭並摧毀它。耐克宙斯防空導彈攔截器和 Atlas ICBM 導彈模擬彈頭都是在被攔截的耐克宙斯防空導彈擊中之前，幾秒後被不明飛行物轉移。

在白沙機密空軍遠程三十五毫米相機中充分證明這一點，范登堡公共國防部所有發布的訊息都沒有提到任何不明飛行物的跡象。新聞媒體繼續報導在道格拉斯拍到的其他導彈鏡頭。這些測試在一九五〇年代後期我們道格拉斯工程公司都已成功完成（早在一九七〇年代雷根總統提出星戰飛彈計劃之前就已完成。）正如我之前所說，在測試階段一周好幾次飛往這兩個測試設施處，總是一種挑戰。我們當時的合約包括我們自己提供交通運輸。由於距離遠，避免了駕駛的問題。所以，我們使用了道格拉斯剩下的舊海軍 R5D-2（DC-3），還是飛起來了。大多數導彈從早上八點開始倒數計時，我們在聖塔莫尼卡迷霧中上了道格拉斯跑道，霧厚到我們幾乎看不到舊的 DC-3。起飛並沒有那麼糟糕，但要在蒙古點找到海軍的跑道有時候是一項成就。而且范登堡空軍基地的空軍跑道，沒有 GCA，真的很嚇人。

重要的是要知道設計太空飛行器和導彈前的檢查和發射是非常複雜。那麼，當你在混凝土砌塊房子裡，並按下那顆舊的紅色火按鈕時，它實際上就射出了測試導彈。我知道，因為我已發射了七枚。這需要很多通過數以千計的函數來逐一定義先後的參數，這參數是一個接著一個的。同時在每個功能之間得插入大量的條件參數像「ifs（如果）是什麼，怎麼辦？」（What If）。如果導彈在船上失效怎麼辦？在起飛後發生控制故障並向內陸方向飛來怎麼辦？飛向住宅區怎麼辦？如果緊急發動機關閉失敗，然後機上由發射掩護室啟動的自毀功能又拒絕啟動怎麼辦？我可以告訴你，這確實發生了——而且是經常如此。

設計這麼多不同的導彈發射操作迫使我也成為系統工程師。道格拉斯過去也沒有這種經驗支援。你當然不需要像他們一樣去設計 DC-3 商業運輸。這是一項需要完全理解每項功能的系統工作者才可完成的任務。在許多方面，缺乏完整的理解是導致早期導彈故障如此之多的原因。

我和另一位工程師吉姆詹金斯一起定義了可行的耐克宙斯防空導彈的飛前和發射功能檢測，這是我們多年來在其他導彈計劃上所做的系統計畫。我們緩緩腳步，更進一步清楚地看到我們的 Nike 導彈，還看到了整個武器系統，從最初的威脅到成功執行任務，擘劃出一個即將到來的洲際彈道導彈。我們都與 Bell Telephone Labs 保持聯繫，後者是陸軍將軍蓋茨的承包商，曾選擇設計飛（導）

彈跟蹤相控陣雷達（MTPAR）。他們非常熟悉他們的雷達電子功能，但缺乏對任務和整個武器系統的理解。道格拉斯製造和企業辦公室對導彈功能仍然缺乏了解。我們著手製定一套完整的反導彈、導彈武器系統發展計畫，並將其設想成許多區塊，這些區塊在後來將進一步成為概念階段、定義階段，武獲階段和作戰階段。我們也將其成功經驗應用於其他系統，例如自上而下，重新評估所有的功能，這些功能將提供方塊流程圖上每個操作功能的邏輯任務，同時也為了整個系統的可靠性，而提供備份支援。將數百個這樣的功能流程圖組合在一起，為我們提供了一個 $8\frac{1}{2}$ 英寸 x 8 英尺大的系統方塊圖，這方便我們與貝爾實驗室的系統需求表進行比對。這從資料上就能揭示出貝爾系統上的數百個錯誤。這之後將為陸軍的耐克宙斯防空導彈反導系統開發計劃，建立一個新的道格拉斯作戰概念。

在優化道格拉斯的系統概念之後，我們這些工程師正準備使用新的系統方塊圖——作為主要文件——與陸軍重訂我們的合約。這合約將以我們道格拉斯作為承擔整個武器系統的主要系統承包商。與此同時，國會正在考慮大幅減少資金，這將會擴大國家在每個主要城市的導彈和設施部署計劃。像波士頓地下發射綜合體（我在三年前在先進設計所規劃的）就在差不多快完成時，被停止了。就在我們確信該計劃能夠實現其目標的時候，同時也這樣開始準備大規模生產時，一團奇怪、黑色的雲進到整個計畫，衝擊到每個主／次合約商和全國測試中心。還有，的確，國會也甚至覺得要停止資金的投入，是誰不想讓這個計劃目標實現？有趣的是，多年後在 TRW，我使用相同的系統概念成功地獲得雷根總統星球大戰反導彈的主要系統工程合約，即是 Nike X 導彈計劃。

第④章

和智庫分家：如何保護地球免受先進數百萬年的外星文明攻擊

自一九四三年春天起，當時我擔任海軍情報指揮官，里克奧巴塔（Admiral Rick Obatta）海軍上將的隨員，常常乘飛機往返聖地亞哥海軍北島航空站及道格拉斯之間。為了執行當地、西部或其他地區的任務，我常行駛他的高單翼 DH-2 飛機。那時候我常往返道格拉斯。

現在，七年之後，距離離開智庫已有一年多了。智庫的工作壓力氣氛是厚重和壓抑的。被迫留下來的人員，家庭受到的打擊最大。那些想留下來但又不得不離開的人，對智庫也有強烈的感情。就像任何因敵對而分離一樣，受傷最重的是孩子們。

吉姆和我作為智庫的兩個孩子，受到重創。這是因為分家之事沒有人與我們討論過。我們完全沒有意識到這個奇怪、不可思議的事情曾經存在於飛機公司內部一個機密工程區域，但無可避免地，也必須存在於內部另一個機密區域。另一個由其他人組成的智囊團也負責評估此令人難以置信的事情。他們是誰？我們是誰？多年來，這是我們雙方的一根刺。我們在會議室時，不時有人接二連三地穿梭其中，常常到我們的會議室打斷我們且評估我們的研究和概念計畫。

我們的陸軍，空軍和海軍飛行員報告了一六〇多種因種族而異的不明外星飛船。其中一些是巨大的宇宙飛船，顯然他們是有能力穿越銀河系而來。我想我們這兩團隊的任務都是要對抗一個有軍事力量且具有敵意的外來生命。銀河系中似乎有不同的外星文明，致力於發動詭異而危險的戰爭，這總有一天可能決定我們星球上人類的未來。

更重要的是，我們必須保護這個星球免受外星文明的攻擊，這些文明的星球比我們的太陽系更早發展數百萬年之久。他們發展出的技能已經能離開他們的星球，用如此先進的太空船和武器征服世界，但我們卻可能要花數千年甚至數百萬年才能了解這些技術。

分家後，至少對我來說，要受指派去發想與設計下一代的冷戰 ICBM 化學火箭是困難的，因為我腦海裡不斷出現的信息告訴我，在我們正面臨著來自銀河系的軍隊。我們甚至不應該考慮對蘇聯或地球上任何其他國家進行敵對行動。從技術上來講，開發國家應該聯合起來對抗與我們交戰的外星人。

改變任務需求的困惑是智庫分家的具體原因。這迫使我和其他人重新考慮任務，並設想新的計畫來應對我們陸軍和海軍飛行員正在報導的外星威脅。我有時可以想像（visualized）到大型、敵對的外星飛船卸下攻擊我們戰機的太空船。使用克萊姆博士的非傳統推進力，我們構思了新的太空運輸系統、通信方法、和仿其他星球行星及其生物環境——這些完全可以產生與我們不同的先進智能環境，可能可以使壽命延長數百年甚至數千年之久。

儘管分家，當時我們智庫一些人都知道非常先進的海軍偽裝計劃，稱為「費城實驗」。在第二次世界大戰期間，海軍為防止被敵人看到，利用能包含整艘船的電子實驗系統進行研究，但事情發生了可怕的錯誤。在阿爾伯特・愛因斯坦（Albert Einstein）（智庫的顧問）的建議下，這個計畫意外的把一艘美海軍護航驅逐艦「埃爾金號」（U.S.S. Elgin）艦體從費城海軍造船廠轉移到弗吉尼亞州紐波特紐斯海軍基地（Newport News Naval Base）。船確實，按預期計劃消失了，但在此時，船上的電磁傳輸系統把整艘船傳送到異地，殺死了六十多名男子。這是學術和海軍合作成功的經驗，應用了前所未知的電子傳輸（teleportation）技術。

吉姆和我在等待早上七點的會議時，我們無意中聽到一群博士在談論愛因斯坦這次協助海軍運用電子傳輸的技術。一些關於愛因斯坦曾經出版的論著，比起上述他在絕密計畫中所獲得的成就實在無法相比。（我知道加利福尼亞中國湖的海軍航空武器站已經開發比這個概念更先進的研究）。

博士進一步闡述，智庫的一些成員認為，可能有好幾種不同的外星種族，包括「灰人」，已經在美國西部有地下研發基地；有些在地球上可能已有數百年歷史。大家會認為他們是被迫並同意在我們海軍的管理下進行相互研究。

吉姆轉向我說。「聖貓吉姆；這是一場全新的競賽。這些外星人來自哪裡？他們正在開展什麼樣的研究？」

我們洗耳恭聽，努力聽。我們聽說沃克通行證峽谷（Walker Pass Valley）——是加利福尼亞州里奇克萊斯特（Ridgecrest）以北的一七八和三九五高速公路旁的一個區域——可能是進行研究所在的設施之一。它位於中國湖海軍研究中心的東北部。這顯然已被分派監測敵對外星種族威脅的任務。Walker Pass 與我們的學者在機密技術研究方面有一起共事嗎？他們正在結合先進的電子傳送通信系統（telepathic communication system）和實驗性戰鬥信息控制。這是中國湖設施向海軍情報局回報這些內部威脅的細節資料。

「比爾，他們說一些友好的外星人實際在這裡，地下嗎？」吉姆問我。「好吧，在第二次世界大戰中，我常常從北島海軍航空站飛到中國湖。這是我先進研究計劃的一項重要任務，」我回答完，考慮著。「讓我告訴你，在一些實驗室工作的人員一遍又一遍曾提過：『有很多形體小於正常人的人們，都回到那裡的機庫工作。』我從來沒有接近他們到足以看清楚他們。奇怪的是，他們總是在黑暗的地方工作。」

「你的意思是外星人當時可能參與過海軍研究嗎？」吉姆問。又繼續問：「為什麼外星人會在海軍最大的先進武器研發中心的對街建造一個地下設施？」

「好吧，也許外星人已先在那裡。這是可能的。」我舉起一隻手讓他冷靜下來。「好像有道理。

還記得克萊姆在三月份計畫會議上失言的報告嗎？「是啊。」

「……一些爬蟲類人真的很難處理。」

「加州理工學院辦公室的塞爾森博士說：我以為那會讓克萊姆被炒魷魚！」

「不用介意解僱克萊姆博士。如果海軍一開始在外星人自己的設施雇用一個外星人，他們會如何解雇他們？——尤其對有敵意的外星族。」

「海軍必須擁有一位傑出的 JAG 律師，」我回答道。

「但是，比爾，那裡還有其他關於格雷斯和爬蟲類的蠢貨。」

「是的，白沙的推進代表吉姆庫珀告訴我，西部幾個州的地下設施有爬行族管小灰人格雷斯的管理制度，海軍正在監視它們。」

「那些擊落我們所有的戰機和運輸工具的外星人到底是誰？」

「還有很多未解決的問題。不只他們是誰？而是他們的計畫是什麼？」

4.1 一九五二年飛往月亮和火星的真正任務

凌晨兩點，吉姆說，「我不相信，比爾。真的發生了嗎？」

我穿上我的第二次世界大戰時期的海軍飛行夾克，把我的脖子圍住但沒有拉拉鍊。我對吉姆說：「我們所處的這個絕密先進設計區域可能有許多秘密隔間。我們只是屬於一件非常重要的事情的一部分。也許我們不應該和我們的朋友談論外星人？」

「我們是不應該。」

「我不知道哪個博士也提出這個計畫。但是，天啊，經過評估我們現在發現的新事實後，特別是我們的星球已受到外星人的攻擊，他們可能比我們先進數千年……」

吉姆打斷道：「聖貓，比爾，我們現在已經連續工作三個星期了，每天工時將近十五至十八小時，為了就是對抗這個威脅。」

「確定是這樣沒錯，」我說完，「我們迫切需要的是在月球協助建立一個大海軍基地，在火星上也建造一個較小的基地。顯然，我們已經授命要協助努力提出重型車輛所需的配置，並用液體推進火箭卡車為運輸工具將物料送至月球，然後再定義建造月球基地所須的任何元素。」

突然間，我說：「我突然一念之間得知在月球背面有一個巨大的設施，我呆住了。」

「那是從哪裡來的？」

「我不知道，但現在又沒有了。」

「你是什麼意思，我們『現在協助』？」吉姆問道。

「必須有一些設計師在這裡的某個地方發想類似的計畫。我們無法進入大廳的那些區域，」我說。「也許。那個獨眼的克雷斯韋爾博士：我見過他的一些重型太空運輸配置。那些設計非常好。」

「是的，但想一想。完成那些NOVA重型火箭飛行器的提議後，以及那些權衡研究，我們成為構思建造月球基地所需主要元素的人。我們準備的提議將提交給海軍航空發展中心（NADC）。」

「實際上，我們真的不知道這些建議是針對誰的，」吉姆說。

「是的，但這只是另一個懸而未決的問題。」

直到此刻，我們一直在使用彈道飛彈和反導彈系統的系統工程管理程序來定義發展需求和航具，以執行防禦外星戰爭任務。對於我們的月球海軍基地，我也使用了相同的設計方法和系統工程規劃作為主要的規劃元素。

幾年後，在一九五六年，陸軍中將阿瑟特魯多（Army Lieutenant General Arthur Trudeau）研究與開發部門和陸軍情報部門的前指揮官，提出一項「地平線計劃」（Project Horizon）。（該計畫的封面如圖所示）「地平線計劃」是陸軍要在月球上放置基地的計劃。這是在我們設計海軍基地四年後，和約翰甘乃迪總統在一九六一年計劃去月球——後來被稱為「阿波羅登月計劃」的前五年實施的。我們在先進設計中構思過在月球表面下造兩個千人海軍基地，在陸軍建立之前需要先有一個月亮基地。我們的計劃將是地球歷史上，曾經嘗試努力過規模最大的技術。這將包括最複雜、先進的海軍和海洋空間作戰中心設計。計劃將在月球基地上建造一個望遠鏡天文台、先進的醫療和藥物研究中心、糧食種植和加工設施、關鍵礦物採礦和加工廠、月球生活購物和娛樂中心、月球表面和地下運輸系統、先進材料開發實驗室、月球商業太空港設施、和分配式月球通訊、空氣、水、電氣、發電系統。我們不僅規劃了地球最大的監視系統，也是第一個遠離這個星球的人類殖民。

要建構一個月球醫學研究實驗室中的一個小元素都是大工程。為了設計先進的醫療設施，我們需要建立和測試以一個拖車尺寸為30x30x60英尺為單位的預製實驗室。我們必須在地球上先組好，分解後，先放上NOVA火箭再射到月球，用月球商開太空船軟著陸，再利用月面當地的輸送工具組合成月球醫療研究大樓。這是殖民月球的典型場景，也將用在太陽系其它行星上，甚至將來其它恆星系上適居的行星。

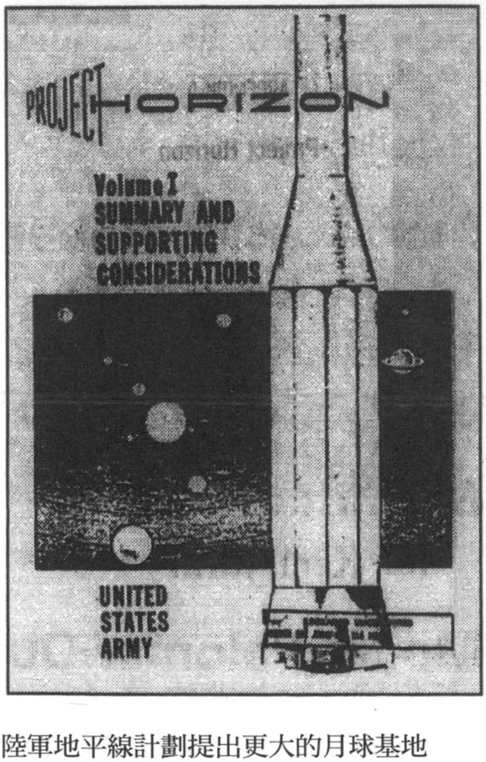

陸軍地平線計劃提出更大的月球基地

4.2　一九五三～四在智庫：杜魯門與外星人達成協議了

這是一個陽光明媚的加州中午。大多數工程人員都在外面享受他們的午休，站在跑道附近。有海灘上吹來的和煦暖風……

一架巨大、超載、雙層道格拉斯製造的空軍四引擎 C-124 運輸機，震耳欲聾的轟鳴聲響徹雲霄。它幾乎沒有在短暫的聖莫尼卡機場跑道上降落，差點兒就像從航空母艦上起飛時一樣，幾乎從視線中消失。有些事情很奇怪，每月在 C-124 空軍的乘客，都只在晚上卸貨和裝貨。女孩們矇著耳朵，一遍又一遍地大叫：「他們成功了！」幸運的是，機場就在山上跑道西邊三〇〇英尺高，面向太平洋。看完起飛後，每個人都回到工程所。

「我討厭住在跑道下的那些房子，」吉姆說。

「是的，」我同意。「他們距離終點只有三條街之遠。」

吉姆對一架小型軍用飛機的噪音感到厭倦，這架飛機緊跟著 C-124：「等等，比爾，我昨天有了解總公司（Corporate）的意思嗎？」

「你指的是什麼？」我問道。

「我直接講，杜魯門與外星人達成協議了？」「現在，吉姆，等一等，先進去再說。」走進延伸又凸出的入口，我拿出我最高機密的通關卡。我推了一下雙門入口鎖槽，進入智庫大廳。並招呼吉姆進來。「就像我說的那樣，一九四七年羅斯威爾幽浮墜毀之後，」吉姆說，「我認為杜魯門說過他們允許我們每周有限數量的公民被綁架，以換取先進的外星技術，包括新推進計劃、激光（譯按：雷射）武器和壽命延長術。」

「你聽到了，吉姆；埃爾默說過同樣的話。」

「但是，比爾，杜魯門說，他媽的外星人在新墨西哥州和幾個其他西部的州地下開始挖新隧道。」

「是的，還有其他外星人在地下的大型設施中已住了數百年，」我說。

「我得到這訊息的方式，是從這些綁架來的新人得知，當杜魯門放棄了此地後，他們每週都大規模地綁架數百人過來。」

「好吧，但他沒有告訴你的是，艾森豪總統和外星人在今年早些時候就坐在愛德華茲空軍基地的一個機庫裡。他試圖讓他們達成協議。但是外星人從會議桌周圍的椅子上站起來，飛到機庫的頂端，翻了會議桌給艾克比了個手指。這正與索倫森想做的如出一轍。」

「然後他想說什麼？」吉姆問道。

「好吧，埃爾默．惠頓和他上面的其他人，在影子小組中，明白有一個以我們的耐克宙斯防空導彈作為防禦計劃的反行星際計劃。目的不是反對『邪惡的帝國』，而是反對外來的威脅，以消滅任何敵對的外星人宇宙飛船進入我們的軌道。」

「我很擔心，」吉姆說。

「我也是，」我覆議。我冷酷地想，他們一定擁有飛俠哥登漫畫上的母艦，幾千年來一直在星系上巡航；這意味著他們在技術上已超越我們數千年，也許數百萬年。該死的外星人！難道他們沒有意識到他們打開了什麼門？

我的下巴緊繃著，但我強迫自己放鬆。我深一下呼吸，但沒有多大幫助。

「智庫中的影子團隊相信這些，」我繼續道，「他們駐紮在月亮和火星之間某個地方。不明飛行物可以在兩英里長的母船上運行。我們不知道為什麼，但由於某種原因，克萊姆認為這些人可能來自我們銀河系的中心區塊。」

「你一定是在開玩笑，」吉姆說。

「這改變了一切。我不知道這些外星人是誰，但是如果他們有大型戰艦，我們是否還應該專注於在月球基地上的NOVA重型有效載重卡車？」

「我同意你的考量，」我說。「你跟克萊姆說。我早上會打給惠頓。」下圖顯示了兩艘海軍航天器載體和作戰巡洋艦的原始圖型，這是一九五四年在先進設計中，透過幾十種備用配置，所

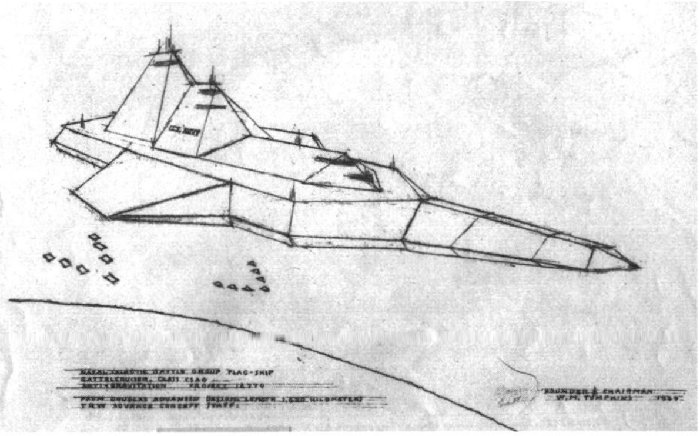

比爾在道格拉斯智庫曾設計一艘太空海軍艦

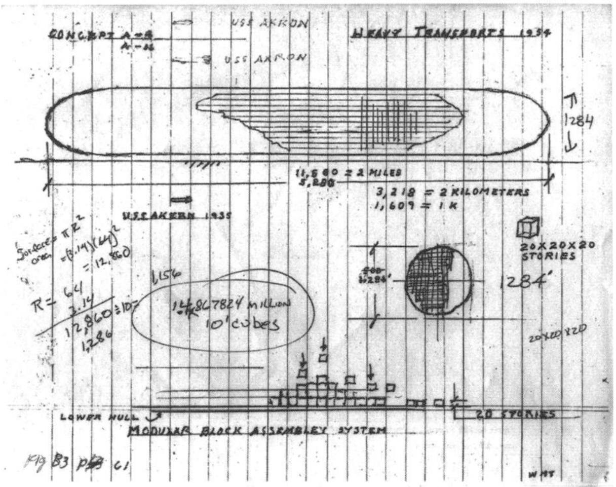

比爾在一九五四年草繪一艘一英里長的運輸船

模擬出來的草圖。

這些原為千米長、依比例造的模型後來才陸續做出來。

過了很久以後我們才知道的是，現在地球上有十九個不同的外星實體，視覺上我們看不見，他們有能力控制我們思想並讓我們看不到他們。就像他們的太空船在船上有隱形系統，以防止我們看到他們一樣。

4.3 星船：設計外星人識別天線接收器，以鑑別高速太空船的進入

在收到我們主動提出的星船提議後【海軍提出了一份探索性星際任務車輛的建議，作為唯一的提議請求（這是在 NASA 成立之前）】。其實我們甚至沒有 RFP（需求建議書）；這是從我們先進設計組門下的地板滑入的。嗯，這是大廳裡那可愛的小傢伙雅麗珊卓告訴我的。她說信封上就只有「敬啟者」。

儘管我們構思了海軍的探索任務，但它在智庫任務中的重要性等級屬性我們不知道。在先進設計智庫裡，我們同樣不知道的是，一九四〇年代後期，同一建築物中的智庫概念定義實際上定義了「蘭德」合約任務。該任務的一部分致力於設計通信接收器天線可以有識別進入地球空域的外星飛船，類似於海軍二戰時期的「敵我」識別器的高級進階版本。一九五〇年代早期，在進出先進設計團隊期間他們讓吉姆和我一起工作，我發現有一個研究是個非常有趣的學習。

冷戰之前，我們仍然非常擔心我們最終將發現自己陷入第三次世界大戰，智庫的幾個人繼續把這些防禦系統實體化。在我們的研究中，我們將外星人識別天線操作與幾種配置相結合，以便讓我們可以鑑別高速太空船的進入，這可望能為我們提供雷達識別短信數據的能力。我設計了一個地下指揮中心，利用這些數據控制所有美國軍事基地行動與防禦外星人的襲擊。後來，內布拉斯加州（Nebraska）奧馬哈（Omaha）的空軍指揮中心對我的設計有實際的需求。我們不知道智庫真正的

需求，所以我們把新方法用在舊計劃上。當我們深入了解後，對主要的需求，我們構思了可解決這些問題的計劃。但在不知道智庫整體的特定任務時，我們對於大多數的星艦計劃，就是按要求而獨立工作。

4.4 大問題：銀河系的資料提交給誰了？不為人知的「海軍太空基礎計劃」

在先進設計中，我們不斷嘗試從 CSI 留下的數據作整合，再把從中獲取的數據文件納入克萊姆博士的非常規推進計劃報告中。現在是上午十點四十分，吉姆與我在咖啡機邊碰面：「什麼是 CSI 和幽靈的任務？」我們剛從智庫會議室走出來，克萊普在那裡向惠頓報告我幾乎沒有接觸的 CSI 問題。會議再次縮短。

※　※　※

「我想知道為什麼，」我說，「每當 CSI 的主題有所突破時，就有人會縮短主題內容嗎？CSI 已經死了。幾乎所有文件都被某人沒收了；我們認為是空軍所為。我以前也說過，我再說一遍：無論出於何種原因，我覺得上帝知道什麼是黑暗政府計劃。知道的關鍵單位就是空軍——能揭穿 CSI。他們是最了解外星人存在的解碼者。北美、諾斯洛普、加州理工學院、噴射推進實驗室、賀德博士、瓦爾特·里德爾博士和雅克·法蘭（Jacques Vallee）博士：他們似乎都認為我是他們調查外來威脅以及所有這些技術問題的重要分子。」

我搖頭：「吉姆，是誰安排這些異地午餐？他們是誰？他們介紹我了解這些所謂的『外星人問題』在進行的『非官方』技術評估。他們總是問我的意見。這些專家都不是來自道格拉斯。但他們一定知道我們在傳播和設計航天器，這將潛在地成為外星人在星球上參與和干擾最全面的證據：克萊姆非傳統推進計劃／MTM-622 報告就是其中一例。」

「還有什麼新的？」吉姆喝了一口咖啡。

「該死，吉姆，有時你和我非常接近克萊姆的推進計劃卻錯過了我們真正設計的奇妙含義！為什麼是這些人——全球就這四四〇〇人——拼命試圖跳過火箭，集中精力進行電磁反重力推進宇宙飛船，甚至違背了愛因斯坦的理論？他們為什麼這麼努力急著飛出我們這地球？」

※　※　※

「好吧比爾，我從很多已曝光的資料知道惠頓選擇你向道格拉斯工程部門介紹所有 CSI 的資訊……」

我打斷道：「我也不會告訴 CSI 主管我們的星艦任務和概念。」

「先回答我的問題，比爾！」吉姆喊道。

「誰今天早上再次阻斷了我們的審查會議？為什麼？」

「我不知道，」我回答說，「但這些 CSI 異地會議和他們向我簡報的外星人概念……一切都沒有意義。」

「那些 CSI 傢伙在他們的領域中都是名列前茅，」吉姆同意道。「他們確信道格拉斯正在處理難以逾越的外星威脅。但為什麼？官方說來，我們只是與他們競爭的另一家飛機公司。我希望我知道真正發生了什麼事情。然後事實是我們只討論諾斯羅普在智庫內部與外星人一起參與工作，但卻不是諾斯羅普的人。」

我把吉姆拉到一邊：「看，智庫定義了這些外星人的問題。而結論是拱手送給某人，但我卻不知道是誰。我們已經這樣做了六年，而且我們都真的不知道所有這些銀河系的東西都提交給誰了；也許正過濾到智庫更高層的團隊。然後他們在上面灑下聖水，再把它還給我們以完成整個開發計畫。」我笑了。「我們認為這是一個海軍天基計劃（space -based），但我們真的不知道。我認為這裡有很多東西正在發生，並影響著我們的星球。」

「我同意，」吉姆說。「你為耐克宙斯防空導彈地下指揮和發射中心的設計，陸軍本來計劃在波士頓近郊建造，最後也不了了之。而且你還構想出 NOVA 任務控制中心很棒的透視圖，和那些龐大的裝備和太空船測試建築物。我敢打賭你那些單獨的大矩形圖至少有二十種不同的配置。還有發射控制中心——你是憑空想出的嗎？還是你帶著瑪麗（我的女友）到好萊塢的格勞曼（Grauman）中國劇院，在那裡呆坐著冥想太空而不是看電影？」

「小伙子，你愛管閒事，」我告訴吉姆。「告訴你，是格勞曼的『埃及』，而不是格勞曼的『中國』。吉姆，這只是我頭腦中浮現的一幅畫。不可否認地；你也以同樣的方式得到過一些東西。我們之前有談過這個。我確信那些白帽外星人都希望我們開發的航天器能幫助他們的海軍太空戰鬥群與黑帽外星人作戰。」

「聖貓，比爾，你怎麼知道的？」

「上個月，這想法突然出現在我腦海裡。」

「我希望我能知道為什麼。」

其他人早在我之前就提出了建造載體推進系統去星空的概念；這是克萊姆的聖經。一八九〇年代，歐洲農民和工程師抵押他們的房子並在那個年代進行實地考察，以便提出類似的理論。但是有一個問題總是困擾著我：為什麼？誰告訴他們這樣做？是人類天才？或星系溝通者？

「嘿，你有沒有看過工程部的地板？」有一天我問吉姆。

「噢，別提了，比爾，」吉姆反駁道。

「為什麼我要看這地板？這就是你今天早上一直在做的事嗎？」

「不，」我說。

「當他把文件掉在地板上時，我與斯圖（Stu Wilson）正在工程機棚外談論其結構。我們都伸手去撿此文件。好吧，我們發現有一部分的地板是不同顏色，顯然過去那裡是一道隔牆。你知道，這是工程上的改裝。」

「好的，那又怎麼樣？」

「地磚是白色的，但有綠色的顏色濺在上面。」

「你的重點是什麼，比爾？」

「斯圖和我沿著工程棚廠周圍找變色的牆壁。」

「如果讓你和斯圖身繫著吊環而不需考慮安全的顧慮下，你們兩個可以在天花板和繪圖桌上下爬行。」

「我們沒法從天花板向下看！我們只向上看。而且，吉姆，整個機庫被改了顏色的地方都是在牆上的區域。真的。你晚上下班後必須去看看，我指給你看。你必須去看。吉姆，整個機庫中一定有隱藏的辦公室，就像克萊普博士的辦公室就在智庫前方這裡一樣。」

下班後，我們回到機庫。

「聖貓，比爾，你是對的！這真的很奇怪。如果在這個舊機庫裡過去真的有大事一直在進行著，那我們現在在做什麼？」

斯圖認為他知道發生了什麼事。這就是該死的製造部門幹的事。他們可能把工程部門拉出來搬到跑道另一頭舊的存儲建築物中，然後把整個機庫以極低價出租給他們的一個分包商作辦公空間。

「我不會讓他們這麼作，」吉姆說。

「你知道，吉姆，有時候我會急著想知道這裡到底發生了什麼事。」

「好吧，他們從不告訴我們任何事情。每次我們試圖把這些事整合在一起，比爾，但這仍然沒有意義。」

我同意。不知何故，我們的先進設計科學家和工程團隊已經得到陸軍航空兵的蘭德合約。我聽說這涉及研究和開發繞地球軌道的太空衛星，能夠對外來攻擊威脅作預防措施。吉姆和我都沒看過合約，但似乎有穿著便服的高階海軍軍官正在監視著。

「我無意中聽到戴爾博士說，蘭德已經成立能影響國安和公共福利的事務研究和分析團隊，」我說。

「無論如何，我們有一個由海軍管理的陸軍計畫。這是一個開始的方式。」

「但請聽，」我說，「也許這並不太遙遠。如果我們試圖在這裡解決敵對外星人的威脅，海軍寧願選擇在太空中處理這威脅，而不是等待軍隊在地面與他們作戰。」

「你說得對，」吉姆同意道。「但這問題仍然令人困惑的是，我們在智庫真正要完成的目標是什麼。」

「有些工作人員可能不知道，福雷斯塔爾因所謂的壓力引發症在住院治療時，」我說，「當晚他從醫院頂層的房間窗戶落地死亡。死於重度衝擊。如果這是人為的，那誰在主導？是四四〇〇那群人嗎？」

「克萊姆的四四〇〇，」吉姆同意。

「這是披露記錄中有史以來最令人震驚的！」

「那就對了。迷人的答案就是德國人甚至在二戰之前和一九五〇年都與我們做同樣的事情，用了全世界合格的專家，驅使他們找出太空旅行的方法。而這些人在同一時間做的是同一件事！即使在分隔和隱蔽智庫的操作環境中，我們也能夠通過研究 MTM-622，得出結論：我們有潛在的外星威脅，並且極度需要設計前所未有的強大海軍星際戰鬥艦。我們需要使用一種全新的非常規推進系統。我是不是離題太遠了，吉姆？」

「不，這也是我的看法。哇！這將導致數百個主要概念設計和各種可能造成威脅的配置成立。」

「我們不只是在這裡設想宇宙飛船，」我繼續道。「我敢打賭，我們將需要定義巡航和攻擊星艦的每一個可能的任務。吉姆，我想你和我都會推動我們銀河系螺旋臂東南象限的任務。」

「聖貓，比爾！你從哪裡得到這想法？」

忽略吉姆的問題，我繼續思考我腦子裡清楚的構思，主要是使用海軍攻擊驅逐艦特遣部隊和海軍／海軍陸戰突擊航天器載體配置。

「你同意嗎？吉姆」我問道。「此時——我現在的意思是——我認為海軍是完全不知道我們在 MTM-622 中的發現。一旦我們定義了廣泛的潛在配置後，先進設計團隊就可以直接向他們提交並主動出價！」

「哇……又來了，我樂於配合，」吉姆也同意。

「我們開始吧！但是，比爾，德國科學家和工程師從一九二〇年起也一直依外星人的資料在設計太空飛船。我們有拿到機密文件，裡面詳細的說明納粹的外星技術。」

「當然。」

「但是，就目前而言，我們先假設我們就是外星人。數千年來一直在觀察地球的演進，和進展非常緩慢的戰爭歷史，以及花時間尋找有潛力的智慧者，願意一起協助執行任務。我們或許可以從出現在身邊的事情開始，作為外星人，要成為地球上技術最為先進的一群人。」

「你知道，這聽起來真的像是智庫的成員，」我同意。

「好吧，我們或許早該觀察像萊特兄弟這樣的人以及他們第一次的飛行，就會有所體悟『啊哈！』但是我們可能也能給地球另一端那一大群的機械工程師帶來更多的信任，所以也開始用心靈感應來協助他們。」

「記住吉姆，」我說，「德國自一八九五年以來，一直在他們的天空中建造及飛行由『瘋狂齊柏林伯爵』所設計的巨型飛行船，以及發展未來城市的高架單軌電車。」

「這是我的觀點，」吉姆說。「誰要開始這計畫？當然，這前提是得假設他們所在地區的政治基礎不會是主要問題對嗎？」

「這值得注意，」我說。「這確實表明外星人也會犯錯，而且他們也可能不會遙遙領先於我們。他們在一些先進的領域，可能也沒有足夠的信心足以發展潛在的戰爭型態；像希特勒，就從而引發了重水和 V-2 火箭這樣的技術怪獸。」

或者是另一種方式：也許外星人已啟動所有戰爭來控制我們？我又再度發抖了。

「比爾，你真的接受這種超前外星人（pre-alien）的想法？美國確實在一八六二年內戰期間建造了第一艘航空母艦：氣球船，美國華盛頓號。但那更像是人們在一七八三年飛行的『無動力』氣球。那時法國里昂的村民認為這是來自外太空的某種怪物，來襲擊蒙哥菲爾兄弟並把氣球毀掉。」

「嗯，吉姆，你對外星歷史的了解也不是那麼糟糕。但無論如何在最近的歷史中，在我看來，某些外星人確實開始幫助北歐（Nordic）各國。美國和英國為首要。」

「是哪種外星人？」吉姆問道。「甚至克萊姆說過，只有傻瓜才不願意相信外太空可能有數百種不同的外星文明，有些可能還是非常不友善的。」

「吉姆，想一想。我們在過去一年中所遇到的所有不太相關的事物，這些一定會導致一系列新的事實和原則。我們過去所認知的世界已經不見了。」

第⑤章 海軍和星際級太空任務

為了支持我們所認為的海軍情報局的任務需求，我們在工程概念中繼續把克萊姆博士向我們建議的太空船推進方式納入整合設計中。有時，埃爾默——我們的工程副總裁——常繞過克萊姆找我和吉姆的麻煩。吉姆的穿著神似影星埃羅爾・弗林（Errol Flynn），就像智庫剛從研究所畢業的人那樣。在某晚六點半左右，我們兩個人想早點下班去參加當晚在比佛利山希爾頓酒店工程部的舞會。

「你們兩個；不要這麼早離開，」他說。

「早是什麼意思？」我接著問，看著埃爾默的笑容，「現在是四點四十二分，就是早退。」（在工程部四點四十二分是早退）

「你們兩個從來沒有五點就離開過。回到位子去。來自海軍航空發展中心的海軍上將康威現在有一個獨立的海軍太空團隊，三週後成軍。我希望你們兩個整理一下我們的任務計畫。你們要好好執行當前的任務。你們也得參與簡報。」

「好吧，埃爾默，你是老闆，」我說，「舞會上見。」

第二天早上，吉姆和我拿走了我們所有的海軍太空檔案、規格、草圖、工程圖、配置圖和模擬圖。在此之前，我說，「讓我們將任務做整合。」

「好的，」吉姆同意道。

我大聲朗讀了我們去年寫的原始任務。

「太空海軍太空船系統的運作方式，基於要讓地球具有攻擊性和防禦性，而有一些軍事規範。如果太空任務延伸到非常罕見的科學探險時，這樣的系統是需要的。戰鬥太空船上的運作方法也將提供現有戰鬥之外的功能，其可歸類為軍事和科學用途。

「根據任務指出，短程中繼時間對載人飛行任務雖然重要，時間愈久任務愈複雜，因此載人的飛行任務是可以想像的。值得注意的是各種太空船任務可以在實驗室中進行模擬，這種測試環境雖然是不太可能——模擬中船身框架是不受力的——但這些問題將用數學模式來分析。」

我們在三個公事桌和四個繪圖板上列出了所有文件和草圖。

「吉姆，」我說，「你還記得我們完成所有海軍太空船計畫的時間嗎？」

他點了點頭。「去年九月。」

「好吧，為什麼我們要攤出我們當時所作過的，並挑選出那些海軍上將康威會挑我們毛病最多的計畫？」

「是的，太好了，那麼我們就從戰鬥群和其後勤下手。」

我抬了抬頭，重新定義了一個標準的海軍太空戰鬥群和其後勤的意義，這是由一個二、五公里長的航天母艦所組成，船上有二顆星的艦作為旗艦、三到四艘一、四公里級太空級巡洋艦、四至五艘一公里級的太空驅逐艦、兩艘兩公里級用於任務投擲的太空登陸突擊艦、兩艘兩公里級太空後勤補給船和兩艘兩公里級太空單人運輸船。

吉姆聳聳肩：「這是我們協商過一致的配置，當然。但是，我認為個人太空運輸船應該被稱為『太空海上運輸船。』我記得我們計劃至少有三個太空偵察船在前面出勤。」我同意。

「如果我偏離主題，請阻止我，」吉姆說。「但是，我們同意太空戰中的所有船隻將由電磁或反重力驅動。」

「是的，」我同意，伸手去拿先進的光束武器文件。

「此外，整個太空戰鬥群將受到電磁屏蔽的保護，使用來自愛因斯坦隱形船系統的反物質，每艘船都有一個單獨的保護盾牌。」「除了偵察船外他們都會有自己的盾屏。」

「的確，如果愛因斯坦可以使它發揮作用，我們也可以在所有的攻擊手段中使用他的隱形船系統和子船下拋任務。」

「我們在所有六級船上，都有文件需求和配置文檔，以及人員名單。」

「我相信我們還有七個尚未定義的進攻類別。」

「吉姆，停，」我說，「他們不一樣。」

「誰不同？」

「外星人。他們的壽命比我們長，更長。兩千，甚至四千年。」

「等等，比爾，你嚇到我了。」

「他們就像蚱蜢，」我說。「真的很大，比我們高。他們很久以前就失去了翅膀和中間的腿。他們繁殖比我們快，而且他們正在對我們做些事情，讓我們壽命變短。太可怕了！」

「比爾，你還好嗎？」

我身體向後退，幾乎快跌倒；我再次感到刺痛。這是一種令人眼花繚亂的癱瘓，瞬間，我覺得自己快要死了。

「這是你看到的另一個幻象嗎？」吉姆問道。

「呃……是的。現在非常清楚：數百艘太空船。蜂擁而上……成千上萬的海軍陸戰隊員穿著戰鬥裝備……哦，天啊！他們黏糊糊的紅眼睛，看起來像睜大眼的滴水蟲。他們的眼睛幾乎蓋掉一半的綠頭！

「注意看……看著我。他們已在這裡，要不然就是正在路上。」

我從繪圖椅上抓起我的舊飛行夾克，我把皮毛圍到脖子上。我既發冷又冒汗。

「他們從哪裡來的？」吉姆想知道。

「我不知道。這只是一瞬間，但現在一切已經消失……我想我沒事。」

「你怎麼會看到這些東西？」

「我不知道，吉姆；當我們試圖將數據匯總在一起進行簡報時，這一切就發生了。讓我們回到主題。」

「不，我們應該等你恢復再說。」

「這不會持續很長時間，」我說。「我現在好了。」

「你確定？有時我也會，但這次你發作的時間更長。」

我把夾克折疊在椅子後面，再次進入主題。「是的，我確定。現在是檢查其他需求的時候了。」

「我們沒有完成我們的外星攻擊艦文件。我們只完成了太陽能巡邏和銀河系統偵察巡邏艦。我們也沒完成一艘我們的海軍太空船。

「這是一個開始，」吉姆說，「但海軍上將康威將要求噸位。」

孩子，我想，我們有很多事要做。所以，我建議我們檢視一下克萊姆要求更輕的太空驅逐艦護航，然後進到大船。

「我認為大約三〇〇〇噸，」吉姆說。

我找到了文件並大聲朗讀：

「在道格拉斯先進設計中，在評估潛在軍用太空推進需求之時，一些設計的概念基礎像非火箭、非核系統、離子、電磁和／或反重力，成為理所當然的努力。使用離子推進來發射從月球基地到火星的小型太空船，必須馬上建立，如此到土星的任務才可以完成。」「好的，」吉姆說，用手指比「繼續」的手勢。

「根據中繼時間和加速的需求，在考慮典型二〇〇〇噸級的標準型太空船，從地球衛星站到火星的低重力衛星星際之旅程時。中繼時間為一三五～一四五天。

「離子槍推進被認為是最有前景的方法。克萊姆認為能量為一〇〇〇〇千瓦的等級是必要的，並且有可能到百分之七十高轉換效率。討論了各種離子源，和一些質量／功率比保持在1/2克／千瓦是可行的。許多的離子槍並列在一架太空飛行器上是可想像的。」

「那是肯普（Kemp）的舊文件」吉姆說。「他在三週前對這些進行了修訂。」

「好吧，我早上會問他這件事。」

「那不適用；這是重型船隻。」

「是的，那是戰鬥巡洋艦級，」我同意並繼續說道：「對如此龐大的宇宙飛船結構和機械做更多的重量評估，要在這奇幻的界域中落實，往往需要很長一段時間才能把這些正式的提案具體做運用。」

「嘿，這也不適用！也許我們應該從太空船的另一端——太空母艦開始。」

「不，先讓我們做輕量級的船。」

「男孩，」吉姆說，「我們得把兩個月的任務在三週內完成。」

在我能夠回答之前，她用那種明亮的傻笑打斷了我們的討論，她穿著白天上班的制服——短禮服和四英寸高的玻璃拖鞋。他是公司的芭芭拉（Barbara）。

「你們兩個男孩在做什麼？」她問道。「喔，看A片？我只是喜歡你們男孩每天都在玩弄這些外星人的東西。」

「你是怎麼進來的？」吉姆問。「你沒有安全等級。」

芭芭拉把玩著她長長的金鎖，只說，「哦，是的，我有，因為厄爾（Earl-boy）有告訴我怎麼進來。」

她坐在繪圖桌上，伸手去拿另一個托盤上的文件。

「該死，芭芭拉，不要動那個文件，」吉姆說。它們是按順序排列的，那是比爾的東西。

「嘿，不要讓她過來！她會弄亂我的船艦日誌！」

「哦，我的天哪！芭芭拉，你正坐在比爾的 SCA-32 航天器母艦草圖上。不可以這樣，那是原圖。你把鉛筆蕊弄的到處都是。」

芭芭拉鬆開雙腿，然後跳了下來。

「小婊子；你看。」

「你搞砸了我的牛皮紙，主圖上還塗抹了鉛筆。」

「哎呀。對不起比利，我會弄好。你有橡皮擦嗎？」

哦，男孩，我想，我們又遇到麻煩了。就在這一刻，埃爾默惠頓走了過來。

「誰讓從『公司』來的間諜進到先進設計區？」他問道。

「好吧，有你的，惠頓博士，」芭芭拉說。「你記得，在上個月的財務會議上？」

「不要叫他博士，」吉姆低聲說，「他不希望別人認為他難搞，哈哈。」

「你說我要有智庫的安全級雙鎖出入卡，就像比利一樣，」芭芭拉說。她提高她的腳尖，把手臂伸向天花板，亮出卡片。「看，我有。哦，但別再稱它『先進設計』。我們是加州理工學院火雞（CalTech Turnkey）計劃的一部份」。她說。

埃爾默打斷她說：「妳必須清理你所造成的一切，斯特拉（Stella）或我先幫你。」哦，孩子，我認為本週我們是在加州理工學院？

這就奇怪了。

我轉向吉姆問：「其他博士從蘭德過來有時會一起見面嗎？他們從帕薩迪納的加州理工開車過來，還是在這裡有辦公室？」

他搖頭，說：「我每天都更加困惑。」

我覺得我的心跳得更快；這一切背後隱藏著非常重要的東西。

「保持這種祕密關係可能是一個好主意，以免有人弄錯了。」

吉姆睜大眼睛重複道，「錯誤的想法？」

5.1 真實外星人：二〇一二年估計僅僅在美國每年就有三萬樁被外星人綁架的案例

他們帶著吉姆和我，兩人都有極秘密通關許可，從先進設計組進入我舊工程電子組，這是另一個恐慌之地。這是一個裝在海軍四引擎遠程 C-118B 飛機（道格拉斯商用 DC-6 改裝版）上的電戰系統。我向外看了看擁有學士、碩士和博士學位超過九〇〇名的工程師，他們完全不知道我們星球上有外星人的存在。他們都穿著白襯衫、帶領帶，彎腰在樓上九百張的繪圖桌上工作，那裡是最近才改裝完，無窗、又有吵雜聲的機庫，鋪著 2 x 6 x 12 粗糙的木地板。

在和吉姆交談時，我正沉思著原先在諾斯羅普所想的事，現在在道格拉斯的先進設計，知道了不少不明飛行物的驚人事實，外星人給這個星球帶來了真正的威脅。這聽起來很瘋狂，但我真的想要站在繪圖桌上大叫宣稱這都是真的，我們必須全力以赴地開發海軍太空飛船，才能夠阻止它們的光束武器。當下我告訴吉姆當時的感受之後，他同意並暗示我，「現在不要，比爾。」

一九五三年，我們對外星人的看法非常天真；也就是說，我們知道他們正在調查我們的星球，但原以為他們只是一個文明。現在，我們知道至少有十九種類型的外星文明，穿過銀河系，進行短程巡航到我們這地球上。我知道他們存在也非常清楚這些外星人的問題。我過去完全不知道今天我們我認識的外星人綁架的事實。但據二〇一二年估計，僅僅在美國每年就有三〇〇〇〇樁被外星人綁架的案例。這些主要集中在雜交，當然，這既不道德又非法。

5.2 化學感測系統：地球上不斷掉落控制人類思想的地外氣體

一九五四年美國陸軍化學感測系統

冷戰初期，道格拉斯智庫一直在分析幾乎廣及全色譜的奇怪彩雲。這些雲首先出現在西海岸，隨後，出現在美國的其它區域。經過廣泛的研究，智庫聯繫了陸軍化學戰部門的斯特爾森將軍（General Stelson），他也一直關注這團詭異「氣體般」的雲。美國陸軍化學分析部門與道格拉斯工程公司簽約，設計了幾套移動式化學感測和分析的系統實驗室。我被拉來作該計劃的主要系統設計工程師之一員。後來在TRW，這成為了一個大規模的計劃，主要分析地球上不斷掉落且控制我們思想的地外氣體。我們以某種方式被控制著，我們成為他們的作物；就像是一片田間的農作物。

有人質疑為什麼會出現這麼多新的傳染病，首先是西海岸，然後每年向東移動到美國各地。非常關心且幫助我們的醫療顧問們，每年總是被迫都要為這些完全未知的新細菌流感奮戰。我們收購了六輛白色標準弗呂霍夫商業拖車，作為兩個原型移動實驗室。它們是由標準柴油拖拉機（卡車）改裝發動機來控制排氣系統所組成。這些車在全國各地設站，並配備了最先進的化學儀器感測器，用來分析和計算提供醫學實驗室文件。

我們設計了接收和發射天線系統，提供過去、現在和未來的天氣預報數據；傳感器也用於確定化學物品穿越國家並分散在整個社區所需的時間。同時也安裝了多種傳感器以獲取外來細菌，然後進行分析，以確定它們的組合和對動物和人的個體效應。我們還協助確定涵蓋整個中太平洋地區的海洋流程圖，從墨西哥、美國、加拿大，對外擴及大西洋和整個墨西哥海灣。當時這個項目是在環境封閉的區域安全地進行。我不知道其成立的真正原因是什麼，但其似乎有一個非常重要的目的。

5.3 奇異的外星女孩

哈羅德．亞當斯（Harold Adams），飛機組組長

一九五六年我再次乘 DC-8 飛機返回工程部。哈羅德．亞當斯從事繪圖工作多年。他是個高大、沉穩的男人、頭髮灰白，六十多歲。他不善於表達他的想法，但卻是個非常出色的聽眾，他接受其他人的構思以融入飛機設計中。這也是我曾工作的地方。他負責每週開一次設計會議，我負責審查他組裡的所有問題，然後再依照在會議備忘錄上記錄繪出主要 DC-8 設計的外形。會議期間，我為亞當斯解釋各與會組長的問題並從草圖上提出解決方案，如圖所示。

我們談一點外星人對軍用和商用飛機的設計影響。我第一次知道這位非常時髦的亞洲女孩，是在哈羅德主持的新商用噴氣式客機（後來的 DC-8）設計會議上，她似乎只在我們為空軍設計 XC-132 重型運輸機時才出現。那時她給我的印象是位記事員或助理。

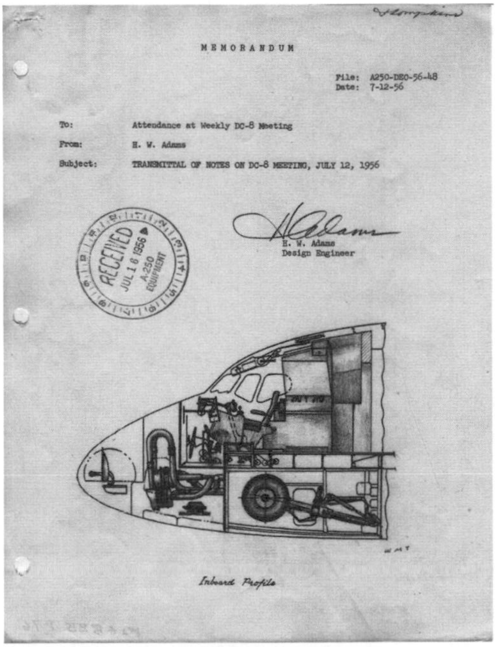

比爾的專業草繪圖在本備忘錄中可見

她是位身材高如雕像又苗條的人，穿著平紋連身裙；有點緊，但平凡。然而，她非常引人注目。她有美麗的亞洲人外形，看起來似乎十九歲。我不知道她的背景，但在空軍都需要有安全等級的人才能在先進的 XC-132 工作。

跟資深的唐納德道格拉斯一樣，哈羅德亞當斯已婚、孩子已成年，住在馬里布（Malibu）海邊。也和道格拉斯一樣，亞當斯沒有參加美國第一架噴氣式客機 XC-132 或 DC-8 的設計。他們的概念設計是在先進設計部門進行的，但女助手的想法和建議很不可思議。她總像在整個系統工程中有相當經驗：精準而且很會表達。她似乎不受在推進、空氣動力學、結構或電子學的任何領域限制，這太不可思議；甚至似乎有點不自然或難以置信。她似乎不是出現在那裡秀一下而已。這就是她，在某種程度上，與外星人有關？一些工程組長認為這正是她存在的本質。後來據悉她當時可能只有十三歲。若干年後當她和哈羅德乘坐他改裝的海軍掃雷艇，在世界各地飛行時，她才只有十七歲。

二〇一二年九月五日，太太和我在弗吉尼亞州的諾福克鎮上一家時尚的咖啡館吃飯，慶祝我們六十二週年結婚紀念日／家庭聚會時；我們的女服務員，也是一個非常引人注目、高個、穿著短褲和腳步從未停止過的亞洲女孩。我馬上就知道。那絕對是哈羅德亞當斯女孩的形象。仍然是她十幾歲時的形貌，她的名字叫吐貝（Turban），來自俄國附近的土庫曼斯坦。當然，她也是咖啡館裡芭蕾舞劇院的舞者。毫無疑問地：又一個複製哈羅德的外星人。或許是姐妹？他們是怎麼辦到的？

第⑥章

燈紅酒綠的俱樂部——不可思議的外星女孩

改變我一生的時刻

在我從諾斯洛普辭職之前，我和我的兄弟加入了在英格爾伍德的恩格爾航空（Engle Airs）俱樂部。週六晚上俱樂部在聖塔莫尼卡的阿拉貢宴會（Aragon Ballroom）廳有一個舞會。我們是在一個天氣不錯的晚上到達。我們一到現場看到眾多的舞者嚇了一跳，其中一個穿著華麗黃色連身裙的美麗金髮女孩，在地板中間起舞。她的秀髮在空中飛舞，舞廳天花板燈照在她身上，她看起來像初次登場。曲終，她離開她的伴侶到舞池的一側，拉直衣服後精巧地坐下來。只見那一件量身定制的黃色連衣裙精緻昂貴，閃閃發光，有著寬闊的領子，後背很高，與她美麗的金色馬尾辮相得益彰。

我告訴大家，現在是在敘說一個愛情故事。即使我知道她是來自比佛利山莊一個窮人家的女孩即使是首次跳舞也肯定不會給我任何的機會，我走到這個美麗的女孩面前說：「你願意跳支舞嗎？」

不知何故，令我驚訝的是，她給了我一個美麗的笑容並說「願意」。太棒了；我們整晚都在舞池中漫舞而忘了身置何處。知道她的名字，我就問她電話號碼，她也給了我一個號碼；同時也給了我一個美麗的笑容，說了聲晚安她就和她的女友回家了。接下來的一周我高興的像是活在天堂，但是當我打電話給她的時候，一位善心女士回答說那裡沒有這個人。

接下來三個星期六的晚上，我回到阿拉貢宴會廳去找她。她與她的女友又出現了，她穿了另一件漂亮的連身裙。所以在我們跳舞的時候，我要到了她真實的電話號碼。我約她下週在好萊塢的帕拉丁音樂廳（Palladium）跳舞。她給了我一個可愛羞怯的笑容並說「好吧。」她並不住在比佛利山莊，雖然她看起來就像是住那裡。她和 Vogue 封面的模特兒一樣漂亮。她家在聖塔莫尼卡，一個來自紐約的義大利家庭。我們開車到好萊塢帕拉丁音樂廳的時候，她說有條很好的路，從那裡人們可以看到山下全市美麗的燈火。記住，這是一個絕對華麗、時尚、衣著整潔女孩給的建議。我認為她指的是在好萊塢山上的穆赫蘭道（Mulholland Drive）——所以我開車上去。

除了賞燈外，情侶在那裡還能做什麼？她是對的：燈光很漂亮，她也是。我吻了她，又再吻一次。她說「夠了」並解釋這不是她所指的道路。我有點困惑，我開車回帕拉丁音樂廳。整晚我們都跳得很貼，她美麗的眼睛一直閃閃發光。在我們回到她家的路上，為了親吻，我們停了兩次車，這是我們的第一次約會。

6.1 外星人技術：用某種單一的光束來傳達訊息到地球人大腦

站在走廊上，等著早晨雨舞的開始，我對吉姆說，「我們過去三年一直都是收到重複和令人震驚的消息。就像肯尼斯．阿諾德在一九四七年六月精確的報導那樣，九個星際飛碟在西雅圖以東出現；然後在新墨西哥州羅斯威爾附近墜毀了。」

「正是，一九五〇年，杜魯門在存放東西的地方開了第一次會議。」

我回答說，「你忘了墜毀前兩週；甚至更奇怪。」

「怎麼會這樣？」

「好吧，在一九四七年七月七日，洛杉磯時報報導說，航空公司的飛行員看到了比運輸機還大得多的神秘飛碟群，高速呈分散飛行。此後西部三十三個州每天都有觀察員報導這些飛碟群。同時在太平洋沿岸的天空軍用飛機也仍在追捕可以看到的飛碟。」

「再看看紐約時報說了什麼：『俄勒岡國民警衛隊五架 P-51 在華盛頓地區的喀斯喀特山脈上巡航時，首度報導了奇怪的物體。他們都攜帶著攝影器材。洛克希德 P-80 噴氣式戰鬥機在加利福尼亞穆羅克（Muroc）陸軍機場，以及俄勒岡州波特蘭市的六架普通快速戰鬥機，在這些地區看到飛碟時都是隨時準備起飛的狀態。陸空指揮官卡爾．斯帕茨（Carl Spaatz）將軍入駐太平洋西北地區，當時他否認對任何不明飛行物的了解或是相關的計畫，這計畫是使用美空軍軍機尋找飛碟。他說「我」已經與事物脫節了四至五天。之後就去了梅德福俄勒岡州釣魚。』」

「你相信那個瘋狂將軍嗎？」吉姆說。「他後來失去聯繫。他沒去釣魚。他是害怕職位不保而另謀新職，因為對外星人他也無能為力。」

「然後我們艾森豪威爾在一九五四年三月初會外星人的事情，」我繼續道。

「你不斷感覺得到你頭腦中似乎可以看到的事物，就像千里之外、巨大的、外星人的海軍基地飄浮在我們銀河系某區。」

「好吧，不只是我；你說你也看到了奇怪的太空物。」

「是的，但你看到的是我的十倍。」

「好吧，吉姆，我看到的一些景象讓我覺得我們應該重新考慮在那裡可能發生的事情。還記得五艘外星飛船在一九五四年降落在愛德華茲空軍基地的事嗎？他們問艾克（Ike）是否可以繼續選擇我們一些人，並把在部分銀河系發生的事繼續塞進大腦裡。」

艾森豪威爾總統回答說：「好吧，我不能阻止你將信息傳遞給選定的個人。」

「他們可能只向一個人發送信息，只能使用被某個人聽到某種單一的光束來傳達，」我對吉姆低聲說。「你知道你和我在執行一個計劃時，執行到一半我突然停下來？就好像有人用信息打入了我的大腦。而你沒有聽到任何聲音一樣。」

「對，比爾；上個月你和我都得到一則消息：我們必須繼續把我們的計算機微型化，要小到能夠自己提供動力進入我們的血液系統，並從我們的大腦流出到一條出了問題的腿上。」

「是的，」我補充說，「並且要在幾分鐘內長出一條全新的腿，上面要有一隻腳和五個腳趾。不要胡思亂想了。」

「我無法停止思考。」

「我也是，」我變得焦慮著說著。「這些外星人甚至在未來醫學所有技術方面都可能如此先進，他們已經控制了各種類型的醫療問題，並在你我間可能已生活了幾千年。」

後來，在一次重要會議之前，也是在走廊上，我說：「好吧，我認為這是最後一次；所有那些來自另一方的博士們都到了。我們最好也進會議室。」

審查持續了三個小時。我完成了自己這部分對克萊姆博士提出的反重力簡報圖表後，就在智庫中對他們提出嚴重的問題。我提出了對急迫性議題的了解，包括外星人幾千年來一直通過銀河系運行他們的船隻，運行的動力不是用核動力，而是克服了重力。對一些人來說，這半週一次的會議令人不安，因為我所指稱的謠言涉及艾森豪總統在穆羅克（Muroc Army Air Base）陸空基地與一個精英、高度先進的外星人會面有關（現在為愛德華茲空軍基地）。發生的時間是在二月的加利福尼亞沙漠中，但現在還沒有證實。那次會議是預先安排經商定准許其落地的。

北歐外星人團隊控制了地球；他們由兩個大的雪茄形船和三個一〇〇英尺圓盤形船隊組成。他們由幾個外星人的戰鬥群所指揮，類似人類的海軍上將與他們的船員一起穿著制服在指揮作戰。他們證明了他們的軍事能力可藉克服重力，使他們的太空船消失，再重新出現。他們傳給艾森豪威爾將軍的消息，基本上是這樣說的：「我們佔領了你的星球，正在要求允許去告訴你的人民關於我們的事，並且我們將讓他們變得更好。」

「簡直是廢話，」我低聲對吉姆說。「他們控制爬行族和灰色外星人的事又怎麼說？」基本上他們還告訴地球上最強大的領導者艾克，他已經投降。現在，說艾克很生氣是一種保守的說法：「他從未投降過。但是，在那個時候，對墜毀的外星人太空船進行逆向工程之前，艾克沒有武器能夠阻止他們和灰色人。」

然而，出於某種原因，我確信外星人接管是真的。我一方面隔天向埃爾默惠頓建議這應該也納進我們海軍研究辦公室（ONR）的議程。

來自智庫「掃把眉」的菲茨杰拉德博士（Dr. Fitzgerald）起身搖了搖頭。「不，停止，停止，停。又來了，你湯普金斯又再亂放謠言。你們先進設計人員總是在聽垃圾信息，完全沒有分辨能力。停止這個廢話然後回到現實！我的研究計劃完全沒有這種傳聞思維。」

我想：你的研究？他媽的他以為他是誰？這是我們的提案。

在我把菲茨杰拉德的屁股踢出會議室之前，吉姆拉了我的手。「現在不要，比爾。」

埃爾默默開口說道，「比爾沒有惡意，博士大人，是你脫序了。假設你所說有關艾森豪威爾是對的，比爾只是試圖讓我們考慮到「掃把眉」的選擇不是我們要的。」

「比爾，我認為這些人，博士的這批人，可能是加州理工學院的人，」吉姆說。

這一切都發生在我們位於最高機密內部的大型會議室內，在聖塔莫尼卡機場跑道附近的工程機庫牆外特區。

我經常想知道為什麼工程機庫是建造在如此靠近跑道的位置。我想起來了，不同的飛機，特別是在晚上，會直接駛進機庫特別隱蔽的地方。

在這次特別會議結束等另一位博士離開後，我們的工程和智庫副總裁埃爾默惠頓總結了我們的會議結論給克萊姆博士。

「你知道那些來自美國海軍研究辦公室實驗室的人將在明天早上七點到來嗎？我希望你和赫特林博士有關於電磁和抵抗重力的所有文件備妥。因為美國海軍研究辦公室的三星級海軍上將指揮官羅斯科．唐利（Admiral Roscoe Donley）將帶著費城實驗室海軍上校的史蒂夫．索爾森（Steve Thorson）和雅克．圖爾斯（Jacque Tools）博士前來。他們為了防止敵人找到我們的船隻，正在與愛因斯坦合作他們的計劃。」

克萊姆博士開始發言，但我插嘴：「他們是來看我們，還是蘭德那些混蛋？」

「比爾，你放輕鬆，」克萊姆說。「並非所有人都像我們聽到的那樣。」

「請記住，比爾，」埃爾默同意道，「我們是蘭德的一員。」

「是的，」我回答說，「但我們仍然完成了大部分工作，而且他們正在全力以赴拿走所有好處！」

「回到簡報上，」克萊姆說，「謝潑德（Sheppard）在簡報上可能會講得很慢，但比爾是個提出整體基本概念的專家。」

「謝謝讚美，克萊姆，」我說。

「而且，是的，我可以用我的簡報圖表來應付。」

「比爾，你很好，我知道，」埃爾默承認道，

「但是總有些人會作出一些甚至我都不懂的行為。」

「比爾在報告物理概念是一位專家，他會在適當的時候退出，讓我或者謝潑德再用無任何文件基礎的理論接續，」克萊姆堅定地說。

「他是熟悉五度和六維空間概念的。」

「很好，」埃爾默說。

「輪到你表演了，克萊姆。」

「吉姆，你早上有看到海軍 R40-2 停在工程機庫的旁邊嗎？」

「沒有。什麼是 R40？」

「那是海軍的高速運輸機；與洛克希德．哈德森轟炸機（Hudson bomber）有關。」

「所以？」

「這意味著我們可能會中獎——上將——昨晚在這裡。」

「好吧，他們來這裡找出如何阻止黑帽外星人的方法，現在是時候了，」吉姆補充道。

我繼續說，「我們頂層的海軍上將現在知道那些在二十公里長的母船上的外星人駐紮在那裡了，現在就只是等著他們的海軍上將發出攻擊我們的訊號。」

吉姆評論著：「現在，換他們緊張害怕了。」

「你說對了，吉姆，」我補充道。

那天早上先進設計組的克萊姆博士說，「好吧，各位，我們終於等到了海軍高層來這裡，到我們的智庫會議室向他們介紹我們還未成案的反重力推進器提案。」

在介紹了三星海軍上將羅斯科・唐納利（Roscoe Donnelly Commander）、海軍研究辦公室和實驗室主任圖爾斯博士後。我們都向會議室走去。

第二天早上六點五十分，會議室裡，一些不常來的智庫研究顧問，開始工作起來。圖爾斯博士首先發言。

「利用你們的研究，我們如要產生推力就會陷入電磁學的僵局」他說。

吉姆俯身向我低聲說，「他的意思是什麼，『用我們的研究？』」

「考倒我了，」我回答道。

「我仍然不明白蘭德到底是什麼，或者我們對他們的責任是什麼。」吉姆也同意。

「有件大事正在進行中，而且我們正參與其中。」

克萊姆博士開始他的簡報：「從一個有保證的假設中，化學火箭足以支持地球衛星任務和太陽系中近距離行星的行星際探險；我們也接受這樣的結論，如新能源推動太空飛行器至火星或更遠的地方執行任務。但對於惰性工作流體進行核加熱是否可行，我採取絕對質疑，因為其涉及到高溫因素。」

「的確，星艦船員及其電子設備所需的屏蔽是不可接受的，」我同意。

「我的研究已經說服我們採用一種全新的方法，而不是尋求火箭推進方法，」克萊姆繼續說，「這方法直接通過細觀（meso）場的能量態（contrabaric state）將電磁能轉化為動能。這是德國人海姆（B.Heim）透過和我不同的數學演算法所獨立完成的概念。」然後克萊姆通過假設一個六維場來闡述 meso 場理論，描述的不僅是重力和電磁場現象，還有第三種 meso 場稱為「meso-field」，正如會議中大家在我的第一張圖表上看到的那樣。

「我們設想這個 meso 場能夠經由能量態進行兩種不同的行動，」克萊姆說。

「能量態將物質現象透過重力波的發射直接轉化為推力，導致物體加速運動。這也把物質態轉成能動態，從物質態中釋放出純粹的電磁能來。」

「沒有任何廢物或熱量，」我補充道。

「首先通過釋放電磁能直接轉換成加速運動。」

「你要上來講嗎？」克萊姆博士問我。我沒回答。

他繼續說道：「把這個理論應用在電磁太空船上，以在周圍的水介質上划船推動為例，用槳推動周邊的介質水，而不是推動船。在空曠的太空裡，或者在乙太中，似乎沒有任何東西可以有槳的角色藉著它在乙太中行進，在此我們忽略不計直接機械動作產生的電磁輻射，假設一個物體在太空中，就已滿是電磁輻射，即使輻射來自物體本身，一旦它離開物體的表面，它在空間中具有獨立的存在。

「那麼問題就出現了，一個物體是否可以發射電磁波，」他接著說，「同時，在其一部分表面上是否會獨自產生其他電效應，所以這些表面效應可能與電磁波相互作用並產生排斥力。當然，這種排斥力將通過外加的能量產生電磁波來抵消。」

「我很高興除了道格拉斯之外，其他人也會為此付出外加的能量代價，」杜布森（Dobson）公司的人說。克萊姆博士翻了個白眼。

他接著說：「有多種方法從表面用少的能量很快可去除大量電荷，然後再還原。此假設條件是這個充電和放電與電磁波是同步進行。宇宙飛船的主體另一部分如前所說，射出電磁波就有負電荷在上面，負電荷出現在板上會有些許時間的摩擦力，恰好在此金屬板上的電氣元件產生最大區域的負電荷。自然，經過完全振盪所剩餘的電荷將不會有淨推或拉力。

「可以想像，板子上會有排斥力。這裡沒有引導，因為波與對象物體是未連接上的。甚至可能有多種方法把能量消耗轉成乙太並獲得連續的排斥以保持能動態。例如，即使是電磁動量非常小，我們可能會設計一種能夠發射輻射的裝置其動量變化率非常大，這將導致太空飛船產生巨大的排斥力。」

這時，克萊姆讓我提出另一種思考方法：推進力。

「這個概念可能類似靠近振盪器表面附近的效果，但效果更具感應性，」我說，「而在幾波長距離之外，效果更具輻射性。」

「輻射」意味著「有波發出」。我說，「太空飛船的推進力可能來自同步振盪器——其中一個適當地屏蔽在一側，以避免對稱和沒有淨推進，而使在另一側因上側的感應效應產生的電磁波的反應。」

「在每個使用電磁推進或反重力的太空船設計中，基本上與傳統火箭不同之處即是不需要燃料。所需要的只是一個非常小、緩慢和受控的原子反應爐。該方案的落實案例就是把成功的反重力推進器需求用在我們道格拉斯大型海軍太空飛船。」

克萊姆博士接著說：「我們認為，如果成功的話，這樣的電磁火箭會是不久的將來最實用和可能的抵抗重力的太空船。與液體火箭相比，上面提到的有從『a』到『e』五個優點。這些計劃以及一些權衡研究都包含在我們的主動提議中。」

海軍上將唐納利說：「看來你們正在回答我們旗艦的推進問題。由於外星人的威脅，MJ-12正全力支持。你反重力太空船推進配置的時程是什麼時候？」

「好吧，海軍上將，」我回答，「如你所知，我們——在DAC／蘭德的工作智庫團隊——正建議在猶他州建立一個大型太空船開發和製造工廠。它可以處理兩公里長的航天母艦，能夠擴展設施以適應再十倍大的船隻。當然，我們需要資金。這是針對你剛提的問題的回答，上將。」

6.2 一個不存在的工作區域

「她又來了，」吉姆說。

「哪裡？」我問。

「她已從電梯出來正在走道上。你看，一些人正在繪圖桌上彎腰努力工作。嘿！比爾，看看她今天穿的短裙。我認為她在誘惑他們」

「的確，她是誰？」吉姆問道。

拉里說，「她是芭芭拉。來自總公司。她正在窺探工程設計，試圖找人探詢我們在做什麼。」

「我希望她能夠進入先進設計組，向我們秀出她的美腿。」

我說，「她沒辦法那樣做，吉姆，這個區域是不存在的。哈。」

6.3 地下 SAC：連接西部各州外星人地下基地的高速隧道

「有必要跨越密西西比河和聖安德烈亞斯斷層（SAC），來完成第三階段，」我說。

鮑伯從我們的會議桌上滑回椅子，雙臂抱在腦後。

他說：「密西西比河自一八五七年以來，因為經歷有史以來最大的地震而產生斷層。根據我手邊的這份地質報告顯示，當時分裂成二段。」

「好的，我明白，鮑伯，但我閱讀了空軍 SAC 報告。裡面特別要求從華盛頓特區的五角大廈到加利福尼亞州愛德華茲空軍基地，再到太平洋岸邊范登堡發射場要建高速隧道。」

「第七節就是這樣。」

來自總公司的喬安走了進來，帶回另一疊秘密文件，「這些文件不能離開智庫。」

「女孩，你什麼時候偷走那些東西？」我問道。

「我沒有偷走；是有人把這些東西放在我的籃子裡。」

「哦，喬安，你離開；你是總公司間諜指揮部的將軍。」

「不，我不是；我只是一個人。我們沒有間諜組織，只是一群友善的八卦妹。也許這樣的比喻不是很恰當，這裡更像是一個性俱樂部。大多數東西都是在檯面下完成的。」

「這對你真是適材適用，喬安。」鮑伯回答道。

彎到鮑伯桌子上，讓我可以清楚看到她，喬安補充道，「你的桌子上有什麼東西，鮑伯？」她問：「你們兩個男孩現在在做什麼？」

喬安抓起我們的照片說：「喔，骯髒照片！我喜歡在這裡和你們一起把玩這所有的東西。」她抓起一張照片：「你用比利打到太空的阿波羅 S-IVB 節的照片做什麼，是要讓所有外星人上來嗎？」

「把那該死的照片翻過來，喬安；那是一台空軍潛遁機，」我補充說，「為什麼他們都這麼做？」

（他們在看的照片可以從這部不起眼的機器中看到，是地下技術大型怪物機器的一部分。這創建了一個連接西部各州各地廣泛的外星人基地的隧道網絡。）

「看看那些爬在機器上的小人。哦，天啊，他們是灰色的！比爾，我們是真的遇到了麻煩。」（她還在翻看照片！）

「不，喬安，那些是空軍的作戰人員。我必須告訴所有人嗎？」

「那是挖掘隧道的機器嗎？」她問道。

空軍潛遁機團隊在地下坑洞隧道網絡中留影

「我問你，他們是不起眼的機器，對吧？」

「但是，我只是不明白，空軍如何通過這些隧道飛行他們的大型轟炸機？」

「喬安，妳是不是因為穿了這身可愛的黑色小禮服，所以能在此通行無阻？」鮑伯問。

「你們兩個都是非常頑皮的男孩。你在這裡搞空軍的東西，但是這時間你卻在執行克拉克海軍上將合約。」

「哦，狗屎，」我脫口而出，因為克萊姆帶著兩個美國海軍情報局的炒雞蛋進來。

「我告訴你，」喬安說。

「你麻煩大了。」

站在我們的空軍微型迷你草圖前，喬安帶著她那頑皮的笑容，當鮑伯和我放了一張海軍方塊圖在空軍文件的上面時，她喊道：「嗨，戴維斯指揮官。你邊上可愛的伙伴是誰？」

6.4 智庫中的聖經 MTM-622：非常規推進計劃

上午十點是智庫喝咖啡休息的時間：「你知道，吉姆，」我問，「克萊姆博士的非常規推進計劃？」

「是比爾。我們所有進出先進設計組的人都花了數年時間，對嗎？但計畫仍然有點虛幻。」

「怎麼說，比爾？」

「我並不是故意這麼說。」

「哦，是的，你一直都是這樣，比爾；你一直在做這種非常規的東西，對吧？」

「好吧，但歐洲那一四四二人，只是普通人。」

「好，他們其中一些人是科學家和工程師，但很多人都是農民或鞋子銷售員。」

「然而他們都被驅使去弄清楚如何建造推進系統和太空船？」

「並把他們的家人和朋友帶進去，然後飛到一些遙遠的星球上。嘿，他們真是瘋了，吉姆？」

「是的，那是外星族，比爾。」

「很多人都在做蠢事；但是你是對的，比爾。」

我繼續說，「你可以想想，為了某種原因，他們想離開這裡，而開啟新生活。」

「這真的很奇怪不是？」

「嗯，這真的是不真實。」克萊姆博士走了過來。

「克萊姆，我很困惑。」

「好吧比爾，冷靜下來。你曾多次問我同樣的問題。」克萊姆說，揉著下巴；他接著說：「我們有一些人無論出於何種原因都覺得某些外星人通過心靈感應來影響這些人，以發展離開這個星球的能力。」

「好吧，我們知道，但為什麼又要偷偷溜回來？」

克萊姆繼續說道，「你們兩個人思考智庫需求的方向與我們不同。」等等，克萊姆好像試圖表達他自己的感受，他繼續說道，「我曾想過，但仍然不知道為什麼，但是你們想得更多。在某種程度上，你有點像那群一四〇〇人；有時你透過一個更寬大的窗口向外看。你會看到三維、四維、五維空間的東西。

「我以前提過這個，比爾；甚至連埃爾默也證實你思想超前，聲譽已經遙遙領先智庫中大多數人。你似乎總是在思考我們在銀河系中的存在和位置等深層問題。當你開始執行一個新計畫時，你似乎真的只是一個觀察者，生活在一個讓你可以觀察和構思每一個新任務的氛圍中；一個精確符合銀河系作戰（operation）的計畫。但於此同時，你也能非常成功地利用超過十幾個世代之後的海軍太空母艦系統工程。

「正如我們所知，我們正在經歷文明面臨的最複雜問題：地外威脅。」

「我覺得我們似乎是隔著籬笆向外看，我手指緊握著，第一次看著這巨大的宇宙。」

「哇，比爾，這就是我的意思；結論下得真好，」克萊姆說。

離開智庫到機場跑道外面，吉姆和我走得很快，希望能看到海軍的C-118著陸：這是來自賓夕法尼亞州沃明斯特海軍航空開發中心的四星級和三星級海軍上將的飛機。他們受了克萊姆博士的邀請來審查我們離子、電磁和反重力推進計畫並給予建議；其他還有一些來自高層的工程師（不是智庫的人）已經在那裡等待飛機降落。

「看；他們已飛到海灘上空，第一次進入聖塔莫尼卡機場，正落地中，」

吉姆說著補充道：「在我們向海軍上將簡報之前；關於你二〇一四反重力推進概念計畫有沒有其他實際可能能落實的性能？」

「我相信如果我們設定正確的話，它實際上是可以跨越時間運作的。」

「比爾聖貓；你明白你剛才說的話嗎？你真的認為我們用你其他的配置圖可以離開這裡而前進到未來？」

沒回答他的問題我接著說：「哦，我不知道怎麼說，但我會稱之為一個時區（time zone）？」

「是的，我向克萊姆和埃爾默提出這個概念，他們非常期待；他們說會把進一步分析納入工作內容。在你問之前，不，我們還不能告訴四星，因為反重力能的釋出（free antigravity）會取代現有產生能源的各種方法，而使現在的油和電力壟斷集團破產。同時，假設我的概念有效—這其實不是我的概念；是外星人把這概念塞進我的腦袋裡—我們就能夠穿越時空，我認為這是外星人秘密技術的一部分。」

吉姆搖著頭說，「哦，我的天啊！比爾；那就是一台時光機。」

道格拉斯／蘭德的科學家和概念構思者實際上正在絕密中進行討論。他們在加利福尼亞州聖塔莫尼卡機場裡，一個不為人知、道格拉斯飛機公司工程深處的智庫 A-250 部門中繼續著。

這裡所閱讀的內容是（始於德國一八七三年和後來美國一九一九年）迄今為止發布最令人震驚的披露之一。從一九四六年至一九五〇年間，披露產生了許多奇幻的問題，全球各地技術合格的專家都非常願意思考研擬出：在我們最近的歷史中，離開這個星球並穿越星系的方法。

智庫中這份文件是我們的聖經。標題是：〈令人難以置信的 DOUGLAS MTM-622 非常規推進計劃〉。MTM-622 由五個部分的文件組成，第二部份屬非機密，是以下將詳細討論的唯一部分。據信其他四個部分反映了德國人所開發的外星人技術原理和流程，並不包括在本書中。

研究 MTM-622 幫助道格拉斯先進設計團隊了解潛在的外星威脅。它們是最急迫的威脅，這也是我們需要設想最有能力的太空威脅的原因。海軍星際作戰艦，是一種全新的推進系統型號，這將可以造就數百個初步概念設計和其每個可能的藍圖。

每項潛在的任務都將被納入航天器母艦、戰鬥巡洋艦和星艦補給系統中作考量，以便在我們銀河系的螺旋臂東南象限、及其恆星和星系的船隻行星中執行任務。利用智庫海軍攻擊驅逐艦和海軍

／陸戰隊突擊太空船航母的構思來設計海軍太空任務，這在當時海軍是完全不知道有 MTM-622 計畫的存在。經過後來智庫延伸配置成立後，這不期而遇的案子才由道格拉斯提交給海軍。這是我在先進設計組中構思和設計的五年計畫，我甚至幫海軍在一些主要的行星及其衛星上建造海軍通信站，這些行星位於我們太陽系內或是太陽系外圍的邊緣上。這些設計包括太空飛行器、地面支援檢測、發射設備以及地面和地下海軍空間基地。

這裡提供一份舉世震驚又獨一無二的文件，是摘錄自 MTM-622 的檔案。但是，有必要了解的是我們僅節錄 MTM-622 中五份文檔中的第二部分。我已經閱讀了第一份副件中的一些資料。重要的是要明白我們真的不知道克萊姆博士當初在 MTM-622 中下了怎樣的結論或是提供了什麼建議。和他一起共事近四年，我的看法是他支持用反重力作為一種能量方法。

摘錄文件如下：

宇航學文獻審查

標題：Die Bewegungsenergie der Korpuskel des Weltraumes als einheitliche grundlage aller Strahlungs-und Kraftfeldenergien（宇宙動能—所有輻射和統一力場能量的源頭）

作者：席爾（Hans Schier），Benno Fiala-Fernbrugg 編輯（維也納）

來源：手稿（德文）

介紹

這份文件是少數現存的一份碳粉打字複本，聲稱可解釋重力伴隨輻射能的宇宙理論。該作品由 Benno Fiala（馮）Fernbrugg 編寫（第一次世界大戰奧地利空軍的飛行員，後來成為德國 Dessau 的 Junkers Works 工程的工程師，也是後來成為教授 Hugo Junkers 的朋友。）Fiala 居住在維也納；一九五〇年我最後一次拜訪他時，他給了我這份複本，要求我提請美國當局注意。手稿用德語寫成，Fiala 是首席作者。據說這篇論文中的基本理論、假設和計算是由 Hans Schier 設想和開發的，他曾在布拉格教過物理學，時年三十多歲，住在維也納，是捷克斯洛伐克的難民。

這計劃的立基點與參考點是以較老派的（幾乎被遺忘的）「經典」理論為主，如 Le Sage（一七八二）、W.Thompson—Kelvin（一八七三）、Preston（一八七七）和 Maxwell（一八七九）提出的那些理論，據稱在一九二五年至一九三三年間各論獨立發展，並從那時起各自擴展。

DAC 摘要

席爾（Schier）的宇宙基本原理是對普遍存在的宇宙氣體組成的假設，宇宙氣體是由次核子粒子組成的氣體（他稱之為能子「Ergons」）。它們的行為根據氣體動能理論就像實際氣體中的分子，只有那些能子以光速飛行，隨機直線自由路徑，行徑長度極大（平均兩光年），少有碰撞；它們極小且具有「生物材料」性質，其歸因於具有慣性和電磁双屬性。它們也被設想為組成物質其中的質子、電子、中子的最小基質，這個能子被描繪成有形，具有一個蛋白質（protene）的次核球體。能子與「流線型的電阻殼」捆綁在一起，原理上分別帶有正負電荷。在重力賦與的星體上流出重力線，重力受到物體影響（如太陽和地球）或遮斷或減速。必須引入一些相當奇幻的假設來解釋與距離平方成反比的萬有引力定理。

在他們理論延伸出的特殊後果上，Fiala 和席爾假定在地球上具有深度的水體，特別是在海洋中存在一個電壓梯度，他們認真地建議那是一個巨大的電力來源。關鍵實驗應該很容易執行，但由於發明人在奧地利內陸所以沒有驗證的場域，因此推遲了在水文或海洋站的興趣主張（在西方勢力內流傳；他們不希望吸引東方勢力代理人的注意）。

註：我已將此問題提請加利福尼亞州拉霍亞（La Jolla） 斯拉普斯海洋學研究所和卡內基研究所注意，但沒有得到回應。一九五一年一月六日，我提交了整個 Fiala-Schier 手稿給加州理工學院教授 Paul S. Epstein，在對其進行粗略研究後，教授提出了這樣的看法：「顯然作者不是物理專家，他們是從很多時下常見的二手資料中引用他們對於原子和輻射物理學的看法，其中很多已經過時、有些不準確、有些被誤解；也有許多所謂的差異，作者提出想要解決的公認理論只存在於他們的想像中。」

然而值得注意的是這個理論：將重力與次核粒子沿著巨大速度以巨大自由路徑飛揚的理論，

在當代物理知識領域中，已在不同學位不同的人中反覆討論過。例如在一九五〇年，在一份未知的 Heaviside 手稿中，英國在戲劇性的情況下發現這樣一個假設。最近，Gamow 計算出不帶電荷的中微子（neutrinos）可能會穿透數百萬英里外的鉛體，如果有中微子和反中微子，他們將互相湮滅碰撞；這樣的過程可能會導致重力波的發射。*）

＊參閱一九四八年十二月由諾曼 J. 鮑曼博士（Dr.Norman J.Bowman）於《火箭新聞信件》（*Rocket News Letter*）第二卷第五期第三十二頁的「中子」（*The Neutrino*）一文，由芝加哥火箭學會（Chicago Rocket Society）技術報告集錦（*Collected Technical Reports*）出版發行。

W.B. 克倫佩勒

1-4-55 向埃爾默・惠頓報告

MTM—622 第一部分和第二部分非常規推進計劃修正版 .3-1-55 和一九五五年三月一日，（這是一九五〇年初開始）一九五四年十二月二〇日 MTM-622 的信件如下：

來自：克萊姆博士，A-250

致：E.P. 惠頓，A-250 副本給 H.Aurand, R.Demoret, J.B.Edwards, S.Kleinhans, T.A.Kvaas, H.Luskin, A-250 和 C.C.Martin, A-215.

關於「非常規推進計劃」的出版物，進一步研究可能出現的有意義優點，從一九五四年十一月到十二月上半月已經完成內容如下。

1. 阿蘇薩（Azusa）航空噴氣公司，有義務為我們提供：

(a)關於「高海拔載人飛行」書目參考文獻的臨時索引清單，這是一九五四年，他們通過分包商生產文件，華盛頓美國海軍研究辦公室合約Nonr-1391（00）。

(b) Aerojet-General給美國海軍研究辦公室相同合約下兩份五頁的最終報告中，關於「高速高空飛行的現狀科技（The state of art）」的第三、第四和第五節的副本。注意：此資料仍處於「初步草稿」形式並蓋有「未經許可不得轉載」的聲明。

(c)仔細閱讀文獻公司的參考書目後發現，其中列出的一四四二項出版物中，二十項明確屬於處理非傳統推進系統類別的資料。這主要是想要從這些資料中，準備和整理出更具意義的簡報，並以我們覺得適合的方式，再從這些內容整理出更短的摘要。

2. 加州大學洛杉磯分校

當地大學教授對於有關非傳統的推進方法的出版物努力學習的態度，有幾位專家接受了採訪，其中包括赫什伯格（W. D. Hershberger）博士、馬尼爾地博士（J. F.Manildi）和邁倫・特里布斯博士（Myron Tribus）。

(a)赫什伯格博士，工學院教授應用電磁理論及相關科目，接受了一段時間的採訪，他對此主題非常感興趣並且似乎已經涉及一些電力（特別是）離子推進力的提案。

(b)工程學教授馬尼爾地博士同意赫什伯格博士的意見，所以沒有必要再進一步了解及作採訪記錄。

(c)工程熱傳學教授特里布斯博士，也看過關於我們的主題文章。作為一名實用工程師，他提出了其他幾位加州大學洛杉磯分校的教授，例如托馬斯．希克斯（Thomas E. Hicks）博士和羅伯特．布倫伯格（Robert Bromberg）博士（後者目前與雷默——伍德里奇，Ramo -Wooldridge 一起離開該校）可能會有相關的貢獻。

當清晰的輪廓更明確時，這些摘要與訪談將持續進行。同時，哈羅德．拉斯金（Harold Luskin）將從航空周刊這樣的刊物（麥格勞—希爾）以及每週刊兩次的專業短文中（由倫敦航空研究國際有限公司製作），蒐集相關的熱門文章。

W.B. 克倫佩勒

這裡是讀者第一次在美國期刊中接觸到的宇宙之旅、也是首度認識道格拉斯秘密太空智庫和湯普森．拉莫．伍爾德里奇公司智庫。也了解道格拉斯科學家和蘭德／道格拉斯工程師的形成。道格拉斯隨後聘請了德國火箭工程師，他們後來共同與北美、諾斯羅普、航空噴氣通用工程師（與休斯工程師合作），以及加州理工學院和加州大學洛杉磯分校的科學家共事，這些組成了雷默——伍德里奇。最後成立了湯普森．拉莫．伍爾德里奇公司。

回到 MTM-622。在一九五四年十二月十五日附錄一，已審查過的報告標題：

初步概念定義並建立圖型

正如我早些時候所說，我在 MTM 的機密先進設計組中 MTM-622 的主要職位是研究每個行星際和星系際推進系統、構思和定義一個實質構圖，也構思和定義產生太空飛船／航天母艦。在某些情況下，我建立了一個初圖和兩個備份圖供員工審核。而且，我經常必須設想／定義可能的組合、檢測和這些巨大的太空船所需要的相關射場設施，甚至可以說整艘船的預期草圖及重力反應推進系統的細節，都需要我投入。

以下是 MTM-622 第二部分非機密審查文章中的標題，「非常規推進計劃。」內容包括了太空旅行的方式、電力太空船、從電子加速器得到推力、內軌道運輸技術、衛星軌道之間星際旅行、原子能火箭的使用、對懸浮問題的貢獻、在橢圓反射空間中波內相互作用產生反作用力的應用、星際飛行、隔離或抵消重力問題、重力反應發動機、電磁太空船——靜電太空船庫侖定律和作用在電荷上的力對電子束相聚焦（the phase Focusing）的影響及核能應用到火箭推進、光子火箭理論、離子推進、私人航天的準備工作、關於重力的假設、宇宙的動能所有輻射和力場能量的基體或宇宙微粒的動能、原子火箭燃料理論、用於火箭飛船伽瑪射線盾、作為火箭推進劑之核分裂粒子、原子推進問題、航天問題的動態對照解決方案、征服星際太空（太空船設計的實用方面）、電子太空船的可能推進（恩斯特．斯圖林格，紅石兵工廠導彈部門，A.R.S. 在第五屆宇航大會上發表的論文摘要。）、離子推進——重力學——重力反應。

發動機回顧《*Wage zur Raumschiffahrt*》（《走向太空旅行的方式》）。早期版本名為《飛向行星太空的火箭》一書由赫爾曼．奧伯特（Herman Oberth）署名，一九二三年和一九二六年由同一出版社出版。一九二九年（德文）由 M. Oldenbourg, Munchen 出版。（一九四五年經外星人資產管理（ALIEN Property Custodian）授權，在美由 J. W Edwards、Edwards Bros.、Ann Arbor 和 Mich 重新再版英文版）。

DAC 摘要和評論

本書的大部分內容（序列號〇〇一）都專注於液體燃料火箭，只有最後一章涉及到今天（一九五〇年）所謂的非傳統推進方法：即離子；他稱之為「電子推進。」奧伯特斷言，當代科學理論上知道的三種裝置，允許推動物體達到逃逸速度：火箭、電磁槍（從一個固定的位置射出）和電子風引擎。他承認起飛時的電推進力會帶來「巨大的」支出。但是，一旦建立在軌道上超大氣層外的衛星站，他擔保電力推進排氣速度比化學火箭發動機高兩到十倍，從而達到行星際旅行快速所需的速度。奧伯特對這種離子行星際飛行器非常熱衷，但是僅適用於衛星站或小行星之間的旅行。

在最近的談話中（一九五二年），奧伯特一再表示他仍然相信離子束推進的優點和肯定他所做的《在此方向近期實驗計畫的神祕成果（*Mystifying Remarks about Recent Experimental Progress in this Direction.*》。」在一九五一年至五三年期間，他在意大利為拉斯佩齊亞（La Spezia）海軍工作。

化學燃料實質上被認為是過時的。（一九五〇）

重點放在電火箭發動機以高速釋放原子粒子的設計。發動機由線性加速器和離子發生器組成，這是我們未來的行星際太空飛行器提議中最可能的類型。

※ ※ ※

在我們繼續之前，停下來思考一下你剛才讀到的內容。自二十世紀二〇年代以來德國科學家和工程師，一直在利用外星人信息設計太空飛行器。想像我們，在道格拉斯工程先進設計智庫，實際上是在研究、構思和設計一九五一年所做的事情。你能否意識到我們實際上距離地球其他地方還有多遠？為什麼從地球飛到太陽系邊界其它行星也需要將近八十五年的時間？

外星人發起的整個技術爆炸，是如何以及為何在我們的小星球上開始？這是一個很好的問題。當與其他人一起回顧某個問題時，我們確實總是如此聰明地嘗試從對方的角度思考問題。

目前，讓我們假設我們是外星人，觀察過地球幾千年來的戰爭歷史，並且，進展非常緩慢。如果我們選擇幫助他們共同行動，我們首先可能會在他們的小星球上找技術最先進的那群人。是的，我們或許會看到萊特兄弟第一次飛行，但我們是不是也無不可能地給予行星那一端的那一大批機械工程師們些許的信心？並開始也用心靈感應來幫助他們？

請記住，自一八九五年以來，德國一直在建造和飛行由「Crazy Count Zeppelin」設計的巨大雪茄形飛船。他們的城市有單軌鐵路的高架電車。誰讓他們開始的？

現在，大家，我們剛剛在這裡說的非常有趣，因為據說外星人也可能犯錯。他們對於工程師部落裡某些區域（希特勒為主要的例子）能發展出的潛在類戰爭（warlike）態度，不太有足夠的信心，從而釋放出像重水和 V-2 火箭這樣的技術怪物。

雖然美國海軍建造了第一艘航空母艦，但一八六二年華盛頓內戰期間，熱氣船僅用於無動力氣球。自一七八三年以來，人們一直在飛行氣球，當年六月當法國里昂的村民——認為這是來自外太空的某種怪物——襲擊了氣球，把蒙哥菲爾兄弟的氣球洩了氣。但是，無論出於何種原因，最近歷史上似乎有些外星人確實幫助過北歐國家，特別是在他們協助美國及英國之前。

你們有些人認為我是菸罐子。那麼，請聽聽克萊姆對離子推進的看法。那是道格拉斯工程部 A-250 的克倫佩勒博士，我一起共事的克萊姆並不是我為他效勞的那位克萊姆，這是他喜歡被看待的方式。

※　※　※

離子推進

從電子加速器提供的推力，作者：喬治・L・福布斯（George F. Forbes），一九五二年

他提出了通過離子流推進太空船的數學分析。此書的目的主要是針對與此類推力源研究有關的工程師。產生這種離子流不會涉及到機械、電氣和熱困難處理。一個可用來說明的例子是使用基本類型發動機去比較用來作貨物和乘客類型的太空船。

DAC 評論

如摘要中所述，作者並不關心產生離子流的重要、困難的工程問題。他的例子假設一些輔助飛行器系統已經將太空船從地球上出發，並且離子推進系統僅用於穿越太空。「Tugs」將用來把船降落在目的地。

核和離子推進

運輸技術　作者：H. Preston——Thomas, Ph.D.B.Sc. 一九五二年。

本文討論為地球提供一定比例的稀有、半稀有金屬和礦物的經濟理由，這需要太空運輸飛行器

系統的運作方式。

如果太空旅行將延伸到非偶然的太空科學探險，就需要以非常低的成本來實現運輸。影響方法除了現有的運輸之外，這種便宜的運輸方法可以提供誘因，以從事軍事、科學和電信收集稀有材料並返回地球。有人指出，雖然短途運輸時間對於載人航班很重要，但是時間更短，因此無人駕駛貨物航班旅行可以設想更經濟。值得注意的是，所討論的操作工廠裡各種飛行器的各部可以在實驗室中模擬，同時也可以看看哪些不可能模擬，因為在無壓力框架的情況下，問題可以用數學來分析。

DAC 摘要

這裡討論某些昂貴金屬的大約年產量和成本問題，以及一些資源地外提取的好處，例如無限的熱能和真空技術的採用。另一方面，缺乏水和大氣氣體以及不同的礦石形成和存儲可能會使這議題複雜化。

※　※　※

了解所閱讀到的內容非常重要。在評估地球的礦物恢復需求之時（在道格拉斯先進設計組中），對於設計某類型系統以開始進行從月球（使用阿波羅）到地球的礦物回收概念基礎也首先建立了。後來，也應用到火星任務。

其他摘要如下：

考慮到一〇〇〇噸質量（M.）的典型太空船，在星際旅程中，從地球衛星站到低重力火星衛星的旅程穿越時間和加速要求，表明宇宙飛船不需要強推力，加速只要一毫克或更少能量就足夠了。運輸時間為一五〇～二〇〇天。

離子槍的離子推進被認為是最有希望的方法。作者認為需要一〇〇〇〇千瓦的功率，並且感覺上轉換效率可能高達百分之七十。討論了各種離子源，並且保持 1/2 克／千瓦的質量／功率比是可行的。許多的離子槍並聯在一個航天器上是可以想像的。

進一步的運輸考量指出，雖然載人航天飛行的短程運輸時間很重要，但長時的——也因此更經濟——無人貨運飛行是可想像的。值得注意的是，所討論的操作工廠裡各種飛行器的各部可以在實驗室中模擬，同時也可以看看哪些不可能模擬，因為在無壓力框架的情況下，問題可以用數學來分析。

DAC 評論

該論文包含許多有趣的推測。然而，冷漠無情又尺寸巨大的太空飛行器在無受力結構需要精確、精緻的機械對位，就我們的看法是，這過於樂觀。要更現實的去評估如此大型宇宙飛船的結構和機械重量，才有可能將如前認真所述的計劃，在未來一段長時間後，將奇幻變為真實。

至此即為克萊姆 MTM-622 的報告。

6.5 進入宇宙之旅的開始：航太關鍵角色的道格拉斯

唐納德·道格拉斯本人是早期一位甚至是一九二〇年代的商用飛機、海軍陸基和海上飛機出色的設計師。新的 DC-1 和 DC-2，是由他的一位繪圖員傑克·諾斯洛普於一九三四年設計的商業客機進行改裝，再由首席工程師亞瑟·雷蒙德改成為 DC-3。DC-3 設計和建造僅花三十個月，這是一架承載二十一名乘客很棒的飛機，其寬敞的機身允許每側有兩個座位，並且在中間有一個站立式通道。

真的很棒；這架飛機還有對整個世界航空運輸來說都很棒的加壓機艙。道格拉斯不是使用流線型的淚滴式機身，而是設計了一個恆定的截面管狀機身，更堅固、建造成本更低。而洛克希德和波音仍然用非常昂貴的氣動力瘦腰淚滴式機身製造所有客機。道格拉斯設計因此遠離了世界上幾乎所有的商業航空公司。

然而，道格拉斯埃爾塞貢多工廠（El Segundo Plant）是生產所有海軍飛機之地。傑克·諾斯洛普設計了 BT-1，這成為第二次世界大戰中著名的道格拉斯 SBD-3 俯衝轟炸機。在加州埃爾塞貢多舊的諾斯洛普於一九三七年成為道格拉斯的子公司，在 BT-1 出產前產品是交付給海軍。

諾斯洛普利用這筆資金在加利福尼亞州霍桑市開辦了一家新的諾斯洛普飛機公司，以出產他飛翔翅膀原型機。後由道格拉斯接任，頂級設計師艾德·海涅曼（Ed Heinemann）成為副總裁並和眾多成功的海軍飛機設計者共事，當我還在海軍做我的事情的時候，我去拜訪那家公司，在這個工廠花了好幾個小時，審查先進的深太空穿行概念和海軍實驗飛機。這真的是一次的學習經驗。即使在那個時候，諾斯洛普和艾德．海涅曼都不僅僅是頂級設計師，同時也是受驅使去構思、設計和製造出他們同時代人視為不可思議的飛行器。是誰在驅使這些事？為了什麼目的？

他們的思考總是超前四十年，所以當他們試圖去說服保守派銀行家提供資金來開發不可能建立的飛行器時，常會有問題。這很重要，因為在本書的所有內容中，你會看到我一直在提一個人，這個人在很多領域都顯得很出色，但他的想法總是遠遠超越所有的產業，以至於他往往不被理解。同時，又是誰影響了銀行家去資助他們瘋狂的想法？又為什麼會如此？

到目前為止，我的七十八艘海軍艦艇模型系列一般都是眾所周知的。特別是在道格拉斯，更是無人不知。他們的行銷部要求我在聖塔莫尼卡的一家大型百貨公司展示主要的船模以及道格拉斯海軍飛機上市照片。道格拉斯副總裁叫我進他的辦公室並聘請我建構一個唐納德道格拉斯大帆船遊艇模型，稱為恩底彌翁。最終模型已於序言中呈現過。

這是道格拉斯的生日禮物，也是驚喜。我那時常常周末開車去聖佩德羅（San Pedro）時，恩底彌翁就停靠在那裡，我就在那裡素描、測量及拍照。我建的模型使道格拉斯先生印象深刻。他看了我的海軍艦艇模型集後，特別要我負起技術海軍的責任，他認為我在工程方面作為一個設計師，是支持道格拉斯航空航天公司最好的作為。

我只在他們的風洞部門工作了三個星期，在那裡我開發改進了道格拉斯 X-3 Stiletto 超音速研究飛機。當時公司安全部門正在調查我的背景。後來我轉到工程所 A-250 電子工程組當設計製圖員。我的組長彼得・杜揚（Pete Duyan）從一開始就很喜歡我。他交付給我非常困難的設計問題，這需要非常強大的系統概念能力。他幫我註　讓我進入加州大學洛杉磯分校聖塔莫尼卡城市學院。四年後我以海軍管理計劃完成機械系學士學（BSME）位學分，道格拉斯接受了我的學分以 BSME 學士同等學歷聘我。

在十二年半的時間裡，我被推薦為助理工程師、高級設計工程師、小組副工程師以及導彈和太空系統所工程組長。我必須說，我在道格拉斯工程領域遇到了一群非常精彩的人並與他們一起工作；然而，道格拉斯管理層卻又是另一回事。

現在，回到「幾乎只有商用飛機的工廠」，我在電子組的第一個設計工作是為美國聯邦航空公司（UAL）DC-6 無線電設備作工程變更請求（Engineer Change Requests, ECR）。我的第二個工作是在 DC-4 進階型上，就像我飛過很多次的 WW-II R5D-1，為海軍先進秘密雷達和指揮控制情報站設計兩個三角支架。所有其他工程組都是根據規格進行設計。一旦完成全尺寸的布局（layout），我就會知會我的老闆，他是一個小組設計師，讓他知道我想要建立一個全尺寸的實體模型（mockup），其中不僅有我設計的這一站，還包括整個戰鬥信息中心。我的老闆也會問他的老闆，老闆再問老闆，最後卻發現新海軍合約中沒有這筆錢。我列出了幾個粗略的草圖，（就像我在建造海軍艦船模型時所做的那樣）然後去工廠木工部門使用廢木材，製作了一個完整的指揮控制雷達站模型。我從會議室裡拖出一把椅子，坐下，展示了一個完整的海軍航空雷達目標任務。然後我也畫了整個站的圖。這不僅節省了七百多個設計圖的工時，不但為海軍 R5D-1 飛機建立了一個標準的需求模型，且為工程部所有未來軍事修改工程建立範本。在內裝上這能為新航空公司的座位圖提供實體模型設計資金，但在完成我雷達站實體模型樣機之前，電子部門從未如此做過。在我的新任務中，我必須設計完整的電子、電力和垂直控制機架來安放海軍和商業電子系統。

我花了一些時間作海軍提案需求書（RFP）的設計提案概念。這設計中有些是在一個大型、安全和機密的先進設計組中完成的。我的軍事背景（起源於商業工程），加上絕密和最高權限（above clearance），給了我一個發展概念的機會——就在我研讀完任務需求之後。我在腦海中想著，我們（海軍）應該要發明什麼並修正以完成一個任務。或者，我們是否應該「定義威脅」並構思一個全新的概念？從我所有海軍空中經驗中發現，我可以發想一組配置圖、至少兩套其他備份方案，還有計劃和側視圖以及透視草圖。這讓我得以向先進設計組的科學家們作簡報；他們正在研究像推進器、不同材料及結構等領域。出於某種原因，我能夠看到全局、整體的概念——以及完成該任務的每個必要條件。

讓我換一種說法，當時我沒有意識到，但在那時許多主要的航空航天公司都缺乏概念思想家（concept thinkers）。因此，構思整個技術工作，並將其變成一個有凝聚力的實體，即成為當急之務，這也必須由概念設計師完成。道格拉斯・聖塔莫尼卡是一個從商業工程起家，根本就沒有軍事概念的設計師。我們的商業首席設計工程師哈羅德・亞當斯，還有所有導彈計劃副總裁埃爾默・惠頓一直在先進設計組為不斷擴大的新軍事提案尋找此類的支援。我當時並不知道這是一個智庫。

我的組長是皮特・杜揚。他知道我有創造力而推薦我進先進設計組。五年來在那個大樓，只有我和另一位概念設計工程師。他是我的好朋友：吉姆・詹金斯。幾年後，他從道格拉斯辭職卻在馬丁・瑪麗埃塔公司（Martin-Marietta）組織了一個概念設計小組。我在先進設計組中替補了他的設計職位。對於諾斯洛普和海涅曼面對道格拉斯專家們對我們說「你不能這樣做。」的窘境，吉姆和我從來都沒有滿意過這樣的狀況。

公司大量商業工程師中分成二個所謂的小組。一個是導彈小組，由埃爾默・惠頓領導，他設計了海軍 MGR-1A / B 誠實約翰（Honest John）固體燃料火箭對地飛彈，我也在中國湖武器試驗中心參予設計工作。他還負責十二英尺長的空對海及空對地 ASM AGM-84 魚叉渦輪噴氣發動機含加力器導彈計劃，此種導彈可從 VA / VP 飛機、巡洋艦、驅逐艦、護衛艦、導彈艇和潛艇上發射。

惠頓最大的海軍導彈計劃是在先進設計組中為海軍的 SLBM UGM-27 設計三十二英尺高的北極星和 UGM-73，以及三十四英尺 Poseidon C-3 固體燃料火箭含加力器的概念圖型。這個小組正在先進設計組內外設計幾個導彈，其中一些是我已做過的提案。他們設計了耐克式地對空導飛彈、勝利女神防空導彈並且我也參與過的新款耐克宙斯防空導彈的設計。

我也對耐克式地對空導飛彈和勝利女神防空導彈進行了修改。我們曾完成北極星洲際彈道導彈（ICBM）及水下潛艇 posidon 潛射導彈的概念設計；也談及一些導彈射前檢測和發射概念。一大陣子後，惠頓辭去道格拉斯的工作並成為新洛克希德導彈部的總裁，他設計和開發了美國海軍的 UGM-278/c Polaris 和從美國阿拉斯加級大型潛水艇上發射的 UGM-73A Posidon 導彈。

多年後，他升任為俄勒岡州美國海軍聯盟副總裁，我與海軍上將拉里馬什（Larry Marsh）第九支隊指揮官及十六個俄勒岡州南部商界人士，一起受安排登上從美國華盛頓布雷默頓（Bremerton）潛艇基地作訓練任務而來的阿拉斯加級潛艇。

一個非比尋常的組織：道格拉斯智庫

我經常參加一個非常不尋常的組織，即「道格拉斯智庫。」這是由道格拉斯科學家和一些先進武器設計高級工程師所組成，他們正在研究各種未來可能的宇宙飛船，並在適用的情況下，安插成為軍事武器的機密計畫，他們在自己的辦公室完成大部分工作，在我所在的設計組中所花費的時間是最少的。因為物理定義（概念設計和圖紙）是我設計的，所以由我來幫他們定義有關的推進系統、太空飛行器的設計圖和發射設施的一些概念是必要的。

這些科學家和工程師在克倫佩勒博士的指導下，經由一個隱密的議程向工程副總裁埃爾默．惠頓作工作報告。因為我背景機密，所以我被指派為埃爾默．惠頓博士的特別助理，並成為道格拉斯智庫中他的概念設想者。一九四九年二月從DAC／RAND MTM-622傳來的信息，引起蘭德的詹姆斯E.利普（James E. Lipp）考慮到外星生命的可能性並承認這一切是可能的。同一批科學家們還繼續與帕薩迪納（Pasadena）的加州理工學院進行對話，也同時檢視一九五二年羅伯茨博士（Dr. Roberts）向中央情報局的報告，名為《外星生命形式的潛在威脅（*The Potential Threat of Some Extraterrestrial Life Forms*）》。這是當時當我被分配到最高機密的先進設計小組時的環境。

後來，經過廣泛的研究，布魯金斯學會（Brookings Institute）向NASA和海軍提交了一份報告說，NASA必須對有關外星人問題的所有相關信息進行絕密控制。布魯金斯報告的結論是，「披露外星威脅的訊息將會影響全世界的人們，造成地球的社會破壞。」

6.6 地平線計畫：前所未有的月球海軍基地

我暫時跳脫我的時間軸。DAC 與空軍簽了合約，以執行 YC-132 重型物流運輸機計畫的完整設計。幾乎所有聖塔莫尼卡工程商都參與其中。我從先進設計組出來支援這個項目。由於較大的渦扇噴氣發動機還不能用，道格拉斯動力部門只好使用現有的渦輪螺旋槳發動機。初步設計之後，我們在大棚廠中建了一個全尺寸的模型。我成了主要聯絡工程師之一，協調所有電子、雷達、天線、通信、系統和戰鬥操作站，及操作站的設計者和鼻錐頭前向雷達天線的設計者。這是一項大規模的工程；每個機身框架和翼肋都經過詳細安裝。設計變更納入整合，加上智庫的努力我們完成 YC-132 運輸機向空軍審查委員會的提報。我在會報中介紹我們所有的安裝作業。就像當年展示我的海軍艦艇模型時，學習如何像男孩一樣好好說話，一切真的是值得。

空軍評審委員會（AFRB）說「很好」，也因此道格拉斯完整的製造合約到手。但是，在最後的合約協商中，小道格拉斯無法對他不明白的細節保持緘默而使整個計畫落空。我們工程部門非常憤怒，我們要求他再也不得參加任何軍事合約會議。他不聽，但損失已造成，空軍前往洛克希德公司，洛克希德公司使用我們的草圖和規格來製造 C-5A，這至今仍是美國重型航空運輸系統的支柱。

一九五五年，道格拉斯開始了一項建造一個大型商用噴氣式飛機的設計計劃。這是 DC 系列商用飛機的下一代產品。傑克．諾斯洛普設計了 DC-1 和 DC-2（當時他為道格拉斯工作）直到

DC-6、DC-7 和我們的 DC-8 渦輪噴射機（Turbo Jet）。然而 DC-8 主要由空氣動力學部門的一組工程師設計並經過風洞模型試驗再作加強。而波音七〇七也是競敵。這給道格拉斯工程帶來不少壓力，因而增加了我們許多工時。我們的首席設計工程師哈羅德・亞當斯在設計控制方面做得非常出色，每週開審查會議。在會議之前，他會要求每個部分提交他們的設計變更，然後再由我們構思、整合和出圖，並展示與所有其他結構和設備介面的整合。我的 8 x 10 英寸縮圖在所有週會設計討論時成為首頁。會議中，亞當斯讓我展示我的佈局和草紙，並解釋提議變更涉及的複雜性。我用額外的透視草圖顛倒展示給在會議桌對面的打印工程師看。但在定義機身俯衝時的剎車系統，並同時為貨機主艙提供空間仍是一個問題。

皮特・杜揚一直給我複雜的設計，比如在全尺寸模型上安裝所有 DC-8 天線：電子控制中心（無線電架）模塊化、前艙壁鼻錐／空氣渦輪啟動器通風口設計、氣象雷達、輔助定位、滑行範圍，以及 DC-8 自動都普勒導航和雷達信標。我以前雖曾構思並設計過雷達和導航的天線，但這太荒謬了。我們確定了從前艙壁的整個區域，由於水平和垂直掃描，前向必須配置成玻璃纖維天線罩雷達天線。

我為都普勒導航天線設計了雷達支撐結構和下面的空間，這是一個矩形單元，需要近掃描側向和向下約二五〇度範圍。在天線罩的下面兩側空調需要兩個高速通風管。在我的佈局中那裡沒有足夠的空間來容納所有的配套設備和結構，但是用我的描述性幾何體進行可視化並修改天線罩之後，我能夠在五磅袋子裡放入一百磅的東西。

設計 VHF-2 和 -3 的葉片天線以及 VHF-1 和 HF 的天線是必要的，這兩者都位於整個飛機接收天線允許的垂直穩定器隔離帶中。我們將垂直穩定器分成兩部分，其中一部分連接金屬結構；因此整架飛機成為接收單位。

幾年後，在阿波羅計劃上，我乘坐新聯合航空公司的 DC-8 飛機，從開普敦返回到洛杉磯國際機場。當時是夜間，機長說他們正在洩漏燃料而不得不緊急降落時，我們正處在三萬六千英尺高空。飛行員順利著陸，正好在六輛消防車前面停了下來，並為 DC-8 噴射了防火煙霧而沒有著火。降落後，每個人都疏散了，飛行員要我陪他們檢查。令人難以置信的是：JP 燃料從機翼與機身的接口傾瀉而出；我們已經從二邊內側機翼油箱主要燃油閥中流失了所有燃油。乘客從來不知道這是多麼危險的情況，飛行中的渦輪噴氣發動機所噴出的任何火花都可以讓我們成為一把燃燒的火炬；在那個高度，我們是會在降落之前很久就已經燒毀了。我一直沒有發現真正導致問題的原因，但這後來再也沒有發生過。各位，這是我們航太發展的其中一部分；我們都身處危險之中。

我參與的數百種先進概念設計中，其中讓我最有感的就是機密規劃海軍月球基地。很久以後，陸軍也提出了類似的提議，眾所周知代號為「地平線計畫」。在「地平線計畫」之前我們一直在設想許多不同的月球和行星商業設計，以及令人矚目的軍事設施。

至於阿波羅任務的第一期工程則包括了預製型表面建築物的設計、建造、組裝與測試。這些之後將拆開並運往卡拉維爾角發射場，並在那裡重新組裝、安裝在大型、第一節（upper-stage）液體推進劑火箭加力器上。這第一節將被發射推進到月球、太陽系、行星，及其衛星和小行星上。該計劃是讓他們在月球表面軟著陸，再用軌道分段運輸到現場裝配，他們將在那裡重新組裝成大型建築物，能夠承受嚴酷的月球和行星環境。

第二階段的任務複雜多了，整個基地將建在地下。這需要使用極大的鏜床（boring machines）。這些大型零件將被拆解以便放入NOVA火箭，然後在月球表面重新組裝並在鑽孔操作之前重新檢查。「地平線計畫」的目標是在月球上建立一個陸軍導彈基地，以保護我們對付來自邪惡帝國和邪惡外星人星球的攻擊。我們的目標是開發一種非常複雜的月球海軍基礎建設，這是一個龐大的計畫，主要在設計和建造一個城市包括海軍在內的兩千人研究中心，內有海軍指揮和控制中心、先進的發電、軍事和商業對接／發射設施、海軍宇航觀測台、醫院／醫學研究、環境系統、農業研發、運輸系統、商業和住宅中心等。

道格拉斯獲得了幾枚德國V-2火箭，這是一種規模龐大的神奇武器，我們的中程彈道導彈設計大量使用了其中的技術。我們在陸軍紅石兵工廠和新墨西哥州的白沙試驗場建立了逆向工程設施。道格拉斯已經讓在先進設計的德國科學家——有些在德國——進行大規模的德國火箭計畫，其中包括了巨型A-9和A-10火箭。希特勒的計劃是讓他們飛越大西洋粉碎紐約和華盛頓。如果美國在一九四五年沒有讓德國投降，這計劃就可能會實現。因此，我們還可以獲得有關A-10的大量文件，用於建立遠程導彈。

此外，海軍情報部門也同時證實蘇聯在這個研究領域也大有進展。蘇聯從外星心靈援助和德國A-9／A-10計劃獲得的數據和技術，正用來設計幾種非常大的太空船。俄國人打算將這些火箭發射到月球、控制月球，並可能將其當作基地來勒索整個地球。這可能是甘乃迪總統告訴我們國家的真相：「我們準備上月球。」NASA是否只是掩蓋了一項大規模的美國軍事計劃，而阻止蘇聯到月球用導彈控制地球？NASA不是——而且從來都不是——一個民間組織。它是一個海軍深空穿透星系組織。

於此同時，DAC工程部正在進行一項重大調查，這調查主要專注於外星人的存在以干擾一些頂級的思想家。不僅僅是道格拉斯工程公司，連海軍和空軍也很關注。正如我之前所說，其他飛機公司如：諾斯洛普、北美和洛克希德等公司都擁有頂級工程人員都對此感興趣。北美航空的高級思想家、瓦爾特·里德爾博士，都曾經聯繫道格拉斯的克萊姆博士，他也正在進行一項特殊的研究——在先進設計組中研究有關外星人問題。

第⑦章

為月球和火星任務進行培訓：維特魯威人時間艙（Vitruvian Man Time Capsule）

我們是道格拉斯工程部智庫先進設計組的一個緊密團隊。有時，我的同事、他們的秘書和我下班後都在他們的一間公寓裡重新召集工作，繼續推測著外星人的干預。我們經常交換意見，嘗試了解外星人的觀點，弄清楚他們真正的計畫對我們這個小小星球的影響。

一天早上，在經歷了一場特別有趣的深夜聚會之後，宿醉使我上班時有點頭暈。我的同事鮑勃和他的秘書康妮（Connie）、黛比（Debby）——另一位秘書——還有我，曾經耗了半個晚上，密謀與旅行者（Voyager）一起發送一個時間艙——如果我們有足夠的資金建造這時間艙。我們計劃裡面包括出自李奧納多・達芬奇裡維特魯威人的基本象徵還有一些人類的相片；這樣我們就可以讓外星人準確了解地球上的生活。當然，我們還計劃包括人類智能的相關例子，例如我們對原子化學和物理定律的理解。時間艙就像讓一個漂浮在瓶子裡的信息進入我們的銀河系，等待被發現。我們從來沒有建造這東西，但是噴射推進實驗室和一些在美國航太總署的人，在卡爾薩根的幫助下，好幾年後做成了。

7.1 DM-18 中程彈道導彈的誕生

在冷戰前幾年，我們在先進設計智庫中研究過德國 A9 和 A10 遠程導彈。我們設計了一種彈道導彈和移動發射系統，DM-18，有二〇〇〇英里射程。我們對位於新墨西哥州白沙的德國 V-2 移動導彈系統進行了逆向工程研究，決心將這個想法傳達給海軍或空軍。空軍經過一周審查我們提出的建議後，要求對遠程彈道飛彈進行投標。我們反對空軍的提議，並建議他們考慮整個歐洲部署的移動系統，這成本更低，時間僅花原來的十分之一。空軍審查了我們的相對提議，要求所有其他航太承包商競標；然後我們重新提交我們的報價。

我知道我們有最好的戰略信息，因為是我們在第一時間給了他們這個想法。軍事政策通常為了讓納稅人得到最優惠的價格，而向承包商提出競價需求。這能使經濟保持運轉，但有時候大大浪費了我們的時間。

7.2 阿波羅月球和火星計劃基礎：DM-18

看看對導彈系統的簡單討論，如何能變成一個令人難以置信的複雜謎團。好的，這比本書後面章節中描述的其他計畫更詳細一些。但是，這可以讓您更清楚了解開發一套系統以應對外來威脅的難處。

這就是道格拉斯 DM-18 導彈系統作戰能力的展示。空軍稱它為 WS-315A，是一種二〇〇〇英里的中程彈道導彈。這是一個長達一星期的 IOC 系統展示。完成這種大型自動導彈系統實際上是阿波羅月球和火星計劃的一種基礎技術。該系統也是早期在先進設計組中構思過的，我們後來阿波羅的成功直接與 DM-18 導彈的成功發展有關。

當你設計一個主要的武器系統時，空軍希望你的航太公司提供系統元件彼此運作能力，我們在工程中會召開一個稱之為「雨舞」的會議。跟其他公司的展示階段不一樣的是，我們在展示階段會提供所需的每個元件並建造全尺寸模型。沒錯，我們造出將在歐洲部署建造的中型導彈檢查和發射中心的模型；然而，我們也提供了武器系統幾乎在每個最終物件的操作。導彈預檢設備是在 IOC-yes 時執行，在我建議之下 我們也建立了整個 DM-18 導彈機動發射系統全尺寸模型。我們也建造了攜帶 DM-18 導彈的發射運輸車；我們甚至將它就垂直發射位置豎立在運輸車上，在一周內如此多次展示。我們大多數的設備置於標準商用 Fruehauf 式拖車上，即便是發射控制拖車也是全架設於導彈下配合儀錶完全操控。配電拖車提供他們整個展示所需的電力。即使是部分 RIM 建築物，包括容納導彈修改和檢查。我們也製造了液氫和液氧拖車，我們甚至用偽裝的卡車移動它們。

該示範區位於木製工程機庫外，大小約佔我們東停車場的百分之八十。整個武器系統都是在先進設計組作業再向空軍提交一份提案申請。在概念設計的過程中，有無數次我腦中一閃，所有武器系統的每一部份就一一繪出。

想像一下這整個機動導彈系統的複雜程度，以下是展示中部分列表上作戰的最終項目元素表。

WS-315A 地面支援設備

安全性分類：（密）

向每個 IOC 參與者發名牌。在 DAC 區域必須一直佩戴這名牌。

在 IOC 計劃期間必佩名牌。進入 IOC 區域的人需要出示名牌及相關組織表明身份。

致所有與會者：

如果您希望存儲機密資料，可先經存儲設施核准。該文件管制的秘書將為您接收和存儲這些資料。

電話號碼：

Douglas A-2 位於……Exmont 1-5285

AF 彈道導彈所……Orchard 2-0171

Ramo-Wooldridge ……Orchard 2-0171（很快將成為 TRW 智庫）。

（看看最後兩部電話號碼，你會理解他們的關係）

在整個展示階段期，有大量的空軍成員參加。

酒店提供往返聖塔莫尼卡和好萊塢地區酒店的交通服務。

電話、留言、速記和郵寄服務：

接待區的秘書確實根據要求提供速記服務。他們也收到所有來電和留言，並在休息時通知他們，只有在為了傳遞緊急信息才會中斷會話。他們被要求要告知他們所期待的電話或消息，並告訴他們該採取什麼行動。也提供了郵件服務需求。（你應該見過秘書）

嘿，你們：「你們覺得這場雨舞真的有多重要嗎？」

這是在加利福尼亞州十二月一個美麗溫暖的藍天下。道格拉斯工程師正進行空軍 Thor WS-315-A 計畫，IOC 位在我們聖塔莫尼卡機場的位置。以下是一個技術操作列表演示：

導彈預檢測系統評估與協調

導彈發射場模擬器、拖車安裝 SMU-14 / M.

結帳站、彈道導彈、拖車安裝 TTU-36 / M.

導彈模擬器、臍帶、電氣

輪緣（R.I.M.）。建築設備和設施

輪緣。建築配電系統

預檢測站、彈道導彈

預檢測系統評估

系統協調

拖車安裝 TTU-36 / M.

部件測試設備

彈道導彈飛行控制器試驗台

導彈部件測試設備

推進劑裝載測試設備

液壓和推進部件測試設備

電池充電器（電池製造商花了二十年製造出來）

主要測試台是：

電子控制

交直流轉換器

交直流轉換監視器

速率陀螺儀
閥門致動器
電位器
點火器
推進劑裝填計算機
推進劑系統模擬器
導彈電池充電器機架
緊急陀螺熱電池充電器架
壓力測試儀
電氣控制：
液壓元件測試台
推進部件測試控制台
推進部件測試電池
聯絡、協調和測試程序
服務部門
系統測試程序

工程—（A-2）

製造測試

AFMTC—（A-41）Block House

愛德華茲（Edwards）—（A- 47）

薩克拉門托（Sacramento）—（A-45）試驗台

庫克（cooke）測試

服務部門聯絡、安裝和檢查程序

聯絡——帕卡德—貝爾（Packard-Bell）

接收和生產驗收測試程序

機電協調

特別計畫

先進的設計概念

WS315 IOC 全尺寸模擬，所有系統（操作材料）

WS 315 IOC 比例地形模型所有系統

WS 315 IOC 比例模型導彈、運輸車、RIM 建築、燃料農場和發射拖車 WS 315 IOC Logistic 重型飛機導彈運輸車型號一個「四星級」（空軍將軍）和我一起站在導彈發射控制拖車上，發射控制面板旁，向門外望去，可以看到導彈直立在發射裝置上。我說：「來吧！繼續，發射。」

「有關豎立的 DM-18，請參閱照片。」

導彈豎立起來，蛤殼打開支撐，並返回豎立支撐下至水平鎖定位置，使導彈處於發射位置；我之後把它歸位於導彈拖車上的鎖定位置。將軍向他的四星夥伴喊道：「看！我發射給你們看。」

「我負責卡拉維爾角的實際發射測試程式，也負責在導彈發射控制拖車中操作。保守的聖塔莫尼卡鄰居認為我們是在準備發射導彈，洛杉磯報紙因而撿到寶。空軍四星將軍、我們的營銷副總，與我一起在拖車上。看過發射控制拖車上的幾個導彈後，四星的印象非常深刻。我是主要構思、設計、實施系統、演示操作的人物之一。

空軍雷神飛彈與陸軍飛彈競爭

好的，現在我們已經找到了好東西。

隔天我再次伴隨著我們的行銷副總、費爾・多蘭和兩個非常高階的四星級空軍將軍實作系統演示。我們和其他將軍一起享受精心準備的午餐。行銷人員把我們往另一邊帶，並和兩個四星跟我說：「走吧，我們去海灘上獵貓。」他們兩人都笑了，我們走上道格拉斯六人座直升機。我心想：為什麼我被選來做這個？我們沿著八個街區直向西飛到達海灘；下降到二一〇英尺處，我們慢慢沿著聖塔莫尼卡北部的華麗白沙灘前進。道格拉斯飛行員不需要用雷達定位，躺在沙灘上美麗比基尼女孩早就已定位。在這個高度右舷的軍官向女孩們揮手致意。他們揮了揮手；我們距離近到足夠親吻到女孩們。事實上，我們有點過於接近而不得不退後些。很多漂亮的女孩晚出吃午飯，為了能曬出她們亮黑的皮膚，但那就不是飛行員想要的了。

我們前往馬里布海灘住宅區。現在才是節目真正要開始。我們繼續飛過好萊塢電影明星的家園，然後在有大型游泳池和陽光甲板的房屋上盤旋。哎呀，還有什麼？美麗、裸體，曬日光浴的女孩向我們揮手致意。飛行員都熟知所飛過的每間房子；那裡有幾十間。我們停在一棟外面沒有鄰房的獨棟屋舍。沒有等太久，三個女孩出來為我們脫了衣服。費爾坐在門口一側，手指越過一個四星將軍，指著一座高山上的大型住宅區。我們稍後會在那裡開會。此趟愉快的 IOC 審查，令空軍再次對我們的設計印象非常深刻。

那天晚上我以為 IOC 的審查在沒有我的情況下會繼續進行。但我錯了。我們被告知要在一場非正式的雞尾酒會上碰面，這酒會將於晚上八點在比佛利山莊酒店舉行。我們的行銷副總裁費爾·多蘭建議我們選一個更愉快的地點繼續討論。我們四人擠入一輛沒有標記的單向窗豪華禮車。裡面很黑，只見四位年輕迷你裙女娘微笑著，並遞給我們每人一杯香檳酒。一場高水準的娛樂表演就在八個玻璃杯的輕碰聲與敬酒歡愉聲中展開。

對我來說最有趣的是我的約會。這個華麗的女郎抓住我的臉，將我的注意力轉離了其他的秀女。她說，「本週剩下的時間，你是我的。」我說，「不，我今晚必須回家。」「小男孩，忘了吧！」是的，她和其他拉斯維加斯女孩一樣漂亮。然而，在夜晚的慶祝活動中，我得知她的名字是芭芭拉，她不是來自拉斯維加斯。她來自總公司。哇！（這非常有趣，因為我們的路徑將在稍後的阿波羅計劃中相遇。）

車程很久，能讓女孩和將星們有時間多認識。嗯，實際上沒有人在車上交談，當我們到達一個大型車庫時，三個性感的東西幾乎是赤裸的。

走出豪華轎車，我們看到這車庫大到足以容納大約二十輛汽車。放眼迎來的是穿著高規格黑色迷你透明晚禮服的迎賓員——他們幾近沒穿衣服。我們走上台階，穿過高高的雙門，進入鋪有地毯的大廳，再到兩個更高的雙門，並進入一個單獨建築物的黑暗入口。當我們被迎至一個大房間裡時，我們可以聽到快速舞蹈樂隊的嗡嗡聲。樂隊在舞台上，後面有一個大屏幕。派對已經在舞池中搖擺。我們可以看到大約有十五對穿著考究的人在舞池上飛舞。我認出了幾個今天早上飛掠中的女孩。有些銅臭味很重，但也有很有品味的；這是一個巨大、客制的豪宅，有一個電影院和售有昂貴禮品的娛樂中心。

外面是一個巨大的庭院和游泳池，配有精美的花園桌子和超過三十個軟沙發休息室。一些穿著比基尼的女孩顯然一整天都在那裡順著樂隊聲跳舞。建商甚至在游泳池附近提供了四間各有兩居室的「招待所」。裡面有三個酒吧，外面陽台上則有兩個酒吧。這裡美食應有盡有。晚餐後，大多數人都結伴跳舞；而有些人則去尋求更多的隱私。

我拋棄了芭芭拉（或者我以為我是），並且被迫在大房子裡靜靜地呆看著。寬闊的樓梯很黑，但我不得不上去。牆上掛著帶有幽靈般的中世紀古文物、盾牌，分別用銀和金子雕刻而成。整個二樓和三樓都是黑的。我無法解釋；一切都是深棕色和黑色，有黑色的懸垂牆壁、彎曲的大廳和天花板。這裡真的與眾不同，至少有十三間臥室。我走過那些上層大廳，試圖尋找沒有愛的呻吟聲的房間。

我在大廳的盡頭發現了一扇未鎖的雙門，裡面是一個非常大但沒有家具的黑暗房間。天花板肯定有三層樓高，有點像中世紀的教堂。一種奇怪的感覺襲上心頭，這個地方似乎不僅僅是一個好萊塢演員的住所，也是一個來自另一個空間、且具有目的的外星人的宿地，意圖造成一些災難事件。一陣凍結後，我感覺到在黑暗中並不孤單。從這個區域後面的黑暗中悄悄地出現了一位穿著高跟鞋、視野上近乎全裸的人。

「比利，是我，芭芭拉。」

「你在這做什麼；你跟著我嗎？」我低聲說。「你的衣裙怎麼了？」

「兩個傢伙在樓梯頂抓著我，我試圖找你；衣服已被撕成碎片而我躲在這裡。他們戴黑帽子；眼睛是紅的，我覺得他們非常壞。」

「還安全嗎？」

「不，更險惡；我想我們可能因為在這裡而被殺。比利，我們現在得離開這裡。」

「兩位四星和他們的女孩及費爾．多蘭怎麼了？」

「他們在豪華轎車裡，引擎發動著等我們。跑！」

現在，凌晨一點，在豪華轎車裡，正前往酒店參加通宵聚會，我很感激四顆星都不知道芭芭拉和我在大廈裡發生了什麼事。兩人還在享受兩個小明星的調情，並期待在比佛利山莊酒店度過他們的夜晚。我的腦子還在轉著影響我們可以執行系統以保護我們脆弱的生活方式能力的奇怪元素。我想：這個複合體是某個電影大亨擁有的秘密社團中心。費爾．多蘭知道那裡發生了什麼事嗎？誰是使用此設施的人？誰是紅眼睛的蒙面實體？我們真正的技術成就是什麼？DM-18 導彈系統的要求是什麼？是的，導彈可能會削減「邪惡帝國」的威脅，但它們也將幫助我們降低對整個地球的外來威脅。

講一點飛彈：與德國 V-2 火箭不同，先進設計組確定了 DM-18 近乎垂直的直線發射進入稀薄大氣的太空，因此無需流線型；我們可以使用諾斯洛普的 DC-3 管式設計。這樣可以減輕外膚結構重，減少百分之六十的製程時間。空軍的四星將軍對此再次印象深刻。之後繼續完成設計、先建原型、測試，並從佛羅里達州卡納維拉爾角的空軍發射中心發射。我很榮幸在測試計劃期中，有權發射七枚 DM-18。

整個 WS-315A 計劃在冷戰期中大量在英格蘭和意大利進行部署。最有意思的是，在我們簽訂空軍 DM-18 設計合約的兩週後，我們也獲得了陸軍在阿拉巴馬州亨茨維爾的導彈發展中心（由馮・布朗博士領導，他是德國 V2 導彈的高級概念設計師）建造部署整體的系統合約。

在第二次世界大戰結束時，海軍情報人員（間諜）幾乎滲透到德國每一個秘密武器：推進系統、火箭、飛機、不明飛行物和重水的研究基地。他們對這些地方的每個各體進行定位，被標記成重要對象。當敵對行動停止時，海軍情報和其他情報人員直接進入這些地點，不僅帶走研究科學家，連他們的文件和盡可能多的武器系統一併都成了戰利品。在迴紋針計畫下，他們被整批帶到位於美國阿拉巴馬州亨茨維爾的紅石兵工廠。

其中一些科學家和技術人員參與了白沙的 V-2 試飛，但他們最終都安身於亨茨維爾各處。如馮・

布朗，住在位於亨茨維爾郊區的所謂「Kraut Hill」豪華住區中。很多上層人士，在德國是SS級，後來成就了我們登上月球的阿波羅土星五號太空船時，則繼續發展保持一樣的研究水準。整個小組都是結構化，組織成我們所謂的國家航空太空總署。在紅石兵工廠內部建造了一座十層樓的建築，這是國家最具機密性的軍事設施。它被稱為馮布朗塔，最終成為美國國家航太總署負責的阿波羅土星月球計劃。美國海軍管理著這個美國國家航太總署設施。這不是一個民間組織，它執行的任務屬大學層級，從到月球採岩石、拍照，並把他們帶回大學實驗室研究的任務等。國家航空太空總署是一個軍事、海軍組織，旨在發展美國進入銀河系的能力。

7.3 在道格拉斯工程部的一個陽光清晨——前希特勒火箭發展中心負責人馮・布朗博士來訪

天啊！猜猜是誰出現在我們的前門？是的，我的老天，是馮・布朗博士，他是位於阿拉巴馬州亨茨維爾的紅石兵工廠陸軍導彈計劃的火箭總主持人；也是希特勒龐大的德國 Panhuman V-2 火箭發展中心負責人。然而，到了美國他拋棄了 SS 制服。他幾乎被一群乳臭未乾的加州海灘男孩從背後踢出了飛彈這一行。他非常渴望學習一個年輕繪圖員如何可以擊敗一八〇〇名經驗豐富的德國 V-2 科學家，這些科學家在鼻涕孩子出生之前很久，就已經能設計、製造和測試過數千枚導彈。

我們的一位工程師從他的繪圖桌上站了起來，說：「就是他；馮・布朗。」馮・布朗在道格拉斯的營銷部門負責人費爾・多蘭陪同下，來了解我們在 DM-18 自動導彈系統時的概念設計。介紹完後，我拉了兩張凳子。費爾與我曾在 DM-18 IOC 雨舞（系統元件彼此運作能力）會議中見過面，據說回答馮・布朗任何問題均可能能讓他對我們的工作有些許了解。我花了兩個小時解釋我們智庫如何在四年前研究蘇聯可能有的威脅，並設計了三類洲際彈道導彈。我們知道空軍也需要一些相關的方案，我們只選擇一個合適的給空軍，並在空軍丟出提案需求書之前，我們提出了另一個主動報價，這報價根據我們的主動出價而寫。馮・布朗被打倒了。我看到費爾在偷笑。

7.4 外星女孩修改了先進設計團隊的設計圖

「我發現了，」克里夫說。克里夫是一位出色的阿波羅計畫經理，借給智庫用。

「你發現了什麼？」我反駁道。

「那個有高大黑髮，近乎透明的銀色迷你和四英寸鍍鉻拖鞋的女孩。您知道比爾：她沒有穿胸罩；只穿著鍍鉻比基尼。記得嗎？三個星期前在比佛利山莊酒店工程舞會上。

「哦，記起來了。」

「她的名字叫凱莉諾斯（Kellie Norse）；她是飛行測試辦公室的新員工。以她開格魯曼 F-9-F 噴射機停在航母上視為興趣。」

「你在開玩笑嗎？」我說。

「他們告訴我，她是太平洋地區最好的海軍戰鬥機飛行員。」克里夫繼續說道

「更妙的是：她有頂級極密的安全等級。」

「你怎麼知道？」我說。

「轉過身，比爾，那穿著藍色迷你裙的就是她，正在和克萊姆說話。」

「不可能，」我說。

「真的是她。看看她華麗的長黑髮。我知道你在想什麼：她是另一個北歐型人；傑西卡的妹

妹。」

「我的天啊！她是另一個他媽的外星人，」吉姆邊走邊拍了拍我的肩膀。

「你們兩個人從哪裡認識他們，還是理查德在拉斯維加斯的米高梅公司接她來的？」

理查德接著走了過來。理查德是那個由推進組來的金髮碧眼帥哥；一個非常尖銳的傢伙。「嘿迪克，」他說。

克里夫回答說：「她不是我們的人。」

「我只是告訴比爾，她是一名飛行測試的新飛行員，她已經獲得安全等級。」

「安全等級做什麼？」

理查德說：「誰知道？」

我說：「但她肯定有被克萊姆注意到。」

「我要去那邊看看他們正在看什麼。」克里夫補充道，並經過克萊姆的辦公桌。回來時，他說：「你不會相信的：他們有恩尼朗格（Ernie Lange）博士光子火箭的文件夾，克萊姆建議這是可用於深空驅逐艦概念的文件。您的動力報告，比爾還有你的系統方塊圖。」真沒道德。

「她正在向克萊姆解釋裡面有什麼問題。比爾，她甚至還在修改裡面的資料。你的系統方塊圖：她在上面劃了紅線。看，你元件圖的元素她幾乎加了一倍。」

克里夫站在那裡看著她標有紅線的文件。

克萊姆問他：「有什麼事嗎？」

克里夫說：「不，我知道你現在真的很忙。」他離開了。

「看，她現在站起來，」理查德說。

「離譜，」克里夫補充說，「她走到他桌子前，甚至標記出更多來。」

「這意味著她跟你一樣會畫畫和寫作，比爾。」

吉姆說，「我不知道你們是怎麼做到的。」

「他媽的在乎誰，」克里夫回答。

「哦，她轉身，直視著我們，」我說。

「她在微笑，」理查德補充道。「我們需要馬上雇用她。」

※　※　※

隔週，克萊姆要我重新繪製一些有修改過的動力系統方塊圖。

我有點生氣，我說，「我現在沒辦法，但我會在完成這份報告之後再說。兄弟，你當然可以改它！」

「不是我，比爾；」克萊姆說。「上週那位年輕女士；她非常了解非常規推進系統。」

「她已經同意，如果我可以安排，她會進先進設計組協助我，」他說。
「好吧，克萊姆，她是如何進入先進設計組看我們的東西？」我問道。
「比爾我真的不知道，但她佩有『Q』。」他說。
「等一下克萊姆；」我說，「這有點問題：沒有人會一直帶著『Q』的安全識別。一旦你完成了這個程序就會拿下來。」
「好吧比爾，但當埃爾默告訴我要與挪威小姐一起審查先進的推進時，他說她有『Q』」我說，「好吧，克萊姆，埃爾默正在抽煙；沒有人會留住『Q』。」
「年輕人，當老闆說沒事的時候，相信我，她和我一樣了解未來我們如何航向星際的方法。我會聽她所提供的東西。」「我不知道為什麼，但我想她在這個領域裡可能已領先我好幾年。」
「好吧，克萊姆；」我說，「我讓步，但你看她在我的系統開發計劃做了什麼？」
「是比爾，」克萊姆說，「但你還沒有看到她如何用紅線修改你的計畫審查報告；」
「好吧，克萊姆；但就看她在我的八英尺系統框圖所做的一切。她劃的一片通紅。」
「這讓我想起了我一開始提交給工程檢查員的第一份頂級裝配圖；那傢伙也用紅鉛筆畫得滿江紅。」
克萊姆再次回應，「是的，比爾；但即便如此，你可能也會接收許多其它的幾何配置觀點，以顯示你在工程管理的專業，並更理解你的設計且對製造也更好，這些設計的方法甚至可以比以前更先進。

「你過去實際上是以三維圖展示的。」

「是的，比爾；比這更重要的是，北歐小姐甚至比你更好。看著這已完成的組裝圖：就像你在先進設計組做的那樣。

「而現在，比爾，她並沒有把你寶貴的文件塗的通紅。這你也知道。」

「拜託，克萊姆；她完全改變了我對朗格博士系統工作的想法。」

「我花了額外的時間來解決他的方法，並提出了一種不同的方法，用一個極小的圍阻（isolated）核反應並搭配一些可行的改進措施來完成，」我說。

「她沒有批評你的設計；她只是完成我的概念而已」克萊姆補充道。「我同時認為她跟你以及吉姆在同一個領域的表現一樣好。」

「好吧，克萊姆，」我說，「你是打算解僱吉姆並僱用她，因為她比我們更漂亮嗎？」

「好吧，再跟你說一次，比爾，我只是讓她在這裡作她的事，對你們兩個將會是一個實質的改善。但是，嚴肅地說，北歐小姐只是建議你修改你系統開發計劃中，三二〇個元件中的其中二十三個單件（element）。你知道我有你和吉姆的協助，在工作上我有多大的喜悅。」

七月一個炎熱的夏日，吉姆和我都被從智庫拉到我在木製機庫樓上，舊的工程電子組。現在是另一個絕密、恐慌的設計時候了。由於某種原因，該地區真的很熱。吉姆像豬一樣大汗淋漓，希望秘書不會注意到。計畫設計包含了海軍電子作戰系統，該系統使用四引擎、遠程 C-118 型海軍飛機（這是道格拉斯商用 DC-6 的另一個版本）。

我看著五〇〇名工程師，他們均具備學士、碩士和博士學位。他們完全沒有意識到我們星球上有外星人存在。他們五〇〇個均彎腰在那九〇〇張的繪圖板上，穿著白色襯衫和打上領帶，在那個沒有窗戶的改裝機庫中，地上鋪的是 2 x 6 x12 的粗木地板。我無法想像我們，在諾斯洛普，而現在在道格拉斯知道了一個令人驚訝的事實，即不明飛行物和來自外太空的外星人對這行星構成了真正的威脅。我想站在我的繪圖桌上高喊，「這是真的！我們都必須全力以赴用激光武器發射宇宙飛船以制止他們！」

我告訴吉姆我的感受。他同意我的想法，但認為現在不是時候。

7.5 行星上的黃金

兩個月後，一個午餐後的智庫裡，埃爾默·惠頓指著我說：「比爾，我早上和克萊姆談過這個關於去年三月的集思會議。我們都同意你整個月來就只看女孩什麼事也沒作，也許你可以拿湯姆普雷斯頓的卷宗來看看。」

「哦，現在吧，埃爾默，」我說。「首先我必須要有海軍任務區五二號空投支援計劃，第十五條他們的三視面太空驅逐艦圖，第十三條美國海軍研究辦公室階段三完成的一九八〇威脅定義。阿爾法比鄰星的任務 7.3 和 8.1 第十五條應該在上個月完成，我現正甚至連任務五和六都沒有完成。」

埃爾默笑著說：「好吧，比爾，我只是在開玩笑。但普雷斯頓的運輸車輛系統似乎與我們的海軍太空護航任務搭配非常吻合。它也會提供稀有金屬和礦物質給我們的星球而支持我們的經濟來源。當我們擴大電磁推進力後，我們肯定會需要它們。你剛才談到在上個月，從半人馬座阿爾法星的行星推動商業礦物回收的需求，都是在海軍保護我們的太空回收運輸的需求之中。」

「嗯，是的，埃爾默，我的概念表明至少有四種不同類型的回收運輸，」我說。「我的系統包括以非常低的成本運行的回收運輸車輛。這些將是在我們離開地球並進入另一個銀河系區之後再通過最近的衛星和行星需要數百年才能運回礦物。」「當然，」埃爾默回答說，「但是你的時間框架訂得太緊，比爾。」

「對了，我還要把休假也排進去。你和海軍上將都在思考同一事情。在任何其他事情發生之前，我們可能在地球外戰鬥。接下來的十年可能是一場持續的技術爆炸，讓我們依序地的深入宇宙。」「我猜我下週會在智庫會議上有所收穫，」我說。之後，埃爾默離開了，我站在我的繪圖桌前，專注於我的第七張八英尺的佈局圖，描繪了我的星際礦物行星運輸。仰視配置（側視圖）描繪了一個三、二公里長的車輛，帶有四十個自動和可伸縮外星真空抽氣裝置——意味著可減少礦物提取的裝載時間。

來自總公司的芭芭拉經過我身邊，瞥了一眼我在做什麼。「比利，」她不祥地評論道，「我知道你的小太空挖掘機將會拖回來，那肯定不是養分。」我懷疑，她是怎麼知道的？為什麼？

7.6 一九三九年在好萊塢草繪海軍軍艦的日子

我如何結束智庫的那些日子？

有一個非常年輕的初階海軍中尉，他帶我到加利福尼亞聖佩德羅（San Pedro）基地的一個辦公室。對我來說很明顯，這個辦公室對他來說並不熟悉。對我審訊期甚至持續了一整天，我覺得他知道我與眾不同。不知怎的，我有種不一樣的感覺。但是，毫無疑問地我被迫接受一個完全脫離這個星球的東西。此一部分的對話時空在下面的照片中。

這是一個真實的描述，生活在加利福尼亞州好萊塢的一個非常年輕的男孩，把自己的巨大興趣和巨大的願望投射到二〇〇〇年的宇宙中。是什麼讓這本傳記如此與眾不同？是他好奇的態度、熱情、想像力和能力／在他的腦海中想像未來我們如何能夠利用我們的海軍與星系中的其他文明建立商業聯繫，以發展我們穿透太空的能力。我跟我們的海軍說因為他決心通過研究我們的商業歷史來了解我們現在要去的地方，這意味著早期船可以滿足人們的需求，海軍船。對他來說很明顯，一艘一九三六年的海軍艦艇配以適當的推進裝置，將是一艘理想的宇宙飛船。所以讓我們詳細看看這個孩子為了滿足他的太空興趣而做了什麼。

甚至在我建造我的第一艘美國海軍艦艇模型之前，我就對我們的銀河系產生了濃厚的興趣。我從那時起就開始從報紙和雜誌收集每種類型和類別的海軍艦船和飛機的文章、圖紙和照片，涵蓋範圍從每個歷史時期中，早期的帆船到最現代化的船舶及飛機。我早些時候也做過我自己的太空船模型。我先畫了真正海軍艦艇的草圖，然後再建造我的模型。我去了圖書館，查了一些文章並畫上我自己的草圖。然後再從所收集的船照片中，製作側視、正視、上視的三視圖。

我甚至嘗試在家中把我在公共圖書館書中看到的戰艦記憶做成草圖；因為，《簡氏世界戰艦》（*Jane's All World Fighting Ships*）和其他船書籍並無法從圖書館借出。之後我回到圖書館再找出那本書再次審閱裡面的文章和照片。回到家我再修改我的草圖。我收集了各式各樣我想要做成剪貼簿的船的文章和照片，其中包括戰艦、巡洋艦、航空母艦、驅逐艦、水上飛機、飛船、潛艇，甚至打上標記。下圖是我所展示模型的一個代表。

隨著我畫畫技術越來越好，我看了一下現有的戰艦，並想像一九八〇年的戰艦或巡洋艦的樣子，並將它們繪製成草圖。我甚至想到了對美國的威脅。這些威脅可能是外星人嗎？我想也許我們根本不需要戰艦。

也許，我們可以使用海軍宇宙太空船來對抗太空中的外星人，而不是在這個星球上，從而阻止他們接管這個星球。我總是把自己的想法投射到未來。需要什麼類型的船舶、飛機和火箭來應對

比爾以他展示中的船模型引以為傲

未來的威脅？如果我們有足夠的量，我們可以防止戰爭發生嗎？我記得西奧多・羅斯福（Theodore Roosevelt）總統所說的話，面對威脅時，「帶著一根大棍子，然後輕聲說話。」不知怎的，我知道我們肯定會需要做到這一點。

美國海軍巨大的齊柏林號在我好萊塢的房子上轟隆隆地飛來飛去，令我永生難忘。這些巨大的銀色航具是 USS Akron ZRS-4 和 USS Macon ZRS-5 飛船。這些空中怪物在美國上空漫遊僅僅五年，基地位在加利福尼亞州的陽光谷和北島的海軍航空站。它們長七八五英尺並在我的房子和學校上來回穿梭多次。如果我在家，我總是會跑出去看，在學校我跑到外面看著他們慢慢地劃過天空，總惹來不少麻煩。這個星球上沒有什麼可以給這個孩子更深刻的印象。我把它們想像成宇宙飛船，不是來自其他星球，而是在整個銀河系中作為我們的太空船航行。阿克倫（Akron）和梅肯在一個大型機庫甲板上攜帶八架 F9C-1 雙翼偵察機。他們用梯形掛鉤起飛並降落這些戰鬥機。我從來沒有看到他們的掛鉤，但我確實看過三架 F9C-1 返航落在船上，就像小的護航太空船飛臨一艘非常大的母船下。我甚至在一幅前往行星之路的畫上展示我的一艘宇宙飛船。我把它安裝在銅質板上配木材料作書擋。七十年後，我仍保有那些書擋。有一次，在學校的時候，我跳起來，把我的書摔在地上，然後跑到外面看 USS 阿克倫號慢慢經過好萊塢。

我和我的父母親和哥哥一起住在日落大道附近的二層公寓裡。位在 Gardener Junction 上，這裡是 Pacific Electric 電車穿越之處，車從聖塔莫尼卡一路向東到好萊塢。

我在園丁小學時下課期間有兩個惡霸打我。我母親從我祖父母給的積蓄中掙了一些錢；把我轉到日落大道上一間私校上課。第一學期，對於我一個生活於好萊塢電影圈的人來說，真是令人大開眼界。該學校在一個教室裡容納所有年齡的學生。幾乎所有的學生都是電影明星的子女，他們是我見過最瘋狂的孩子。學校坐落於一片大莊園上，建築物與此莊園面積同大：其中一棟建築物面向日落大道，另一棟則面向街後，其間學生能夠穿越兩棟建築物。有些父母經常出國，學生可以住宿舍。大多數學生都寄宿，這是第一次與寄宿學生當同學。所有年級在位於後面招待所的一間大教室裡上課。年齡較大的男孩甚至與一年級女學生發生性關係。

有時候，教師從一年級到九年級的學生都會參與教學。每一天放學後因為來訪的父母經常有些討論，而讓我在好萊塢學到了很多東西。我從來沒有在課堂上學過東西，媽媽也了解。

跟一些孩子一樣，我只作些飛機和船模，若給我更多的資訊我可以很快的作出有比例尺寸的海軍艦艇模型。放學後我哥哥和我會跳上紅色街車或騎車進入好萊塢市中心。我們先去好萊塢YMCA游泳池游泳，然後再步行去好萊塢圖書館。我很難找到好書並研究有關海軍艦艇的真實資訊。對於我最喜歡的兩個愛好包括海軍船模和宇宙飛船，幾乎沒有任何相關的文章。我找過一本海軍艦艇的書即《詹氏戰艦》（*Jane's Fighting Ships*），一八九九年初版。這本書成了我的聖經，因為裡面有海軍船舶每艘船的長度和寬度尺寸。

那時我唯一能找到宇宙飛船信息的地方就是在洛杉磯時報周日版，在《*Flash Gordon*》和《*Buck*

Rogers》上有一些有趣的文章。後來，我畫了圖和完成一些海軍宇宙概念飛船模型，並在好萊塢的專品商店賣出。

由於只有四個不同尺寸的模型，很明顯我需要建立一個標準尺寸。所以我決定每五十英尺代表一英寸。我賣出兩個模型並開始建造不同的海軍軍艦，但我發現有必要製作比例圖。首先，我需要船體不同站點的橫截面，因為我在一塊木頭上工作，尺寸為1”x 1”x 14。然後必須使用我比例圖作的模板來切掉船體頂部及雕出船形。

有關船艙砲塔的細節，我用了另一種完全不同的方法。這需要設想真正的比例，製作數百個草圖，然後在我建造模型之前先畫妥每艘船的尺寸大小。我教自己從不同視角畫出不同草圖，這樣做是為了可正確表示出船上的每一個細節。這就是工程繪圖，但我當時並不知道。

我發現，如果我有幾張報紙的照片，比如四十毫米的高射砲，我可以進行擴展縮小到合適的尺寸來製作我的圖紙。這使我能夠用標準尺寸做模型而使用在海軍的每一類水面艦艇上。我收集很多船員照片，海軍的檢查員沒有做好刪除所有機密細節的工作，使得我可以從背景中看到機密的高射砲及其相關位置。我建立了有機密的相對防空火砲位置及模型，是的，我後來確實遇到了海軍的麻煩。我使用了同樣的方法完成水面艦艇甲板上的所有東西。我在製作模型時犯了錯誤，所以我後來有從三個船型上拆下幾個二十和四十毫米的炮管並將它們安裝到另一側位置。

所有這一切都迫使我如何適度學習，還要記錄船上作戰系統的每個細節。要知道，我完全沒有船圖，因為這些都是機密。我在好萊塢和長灘圖書館研究了美國海軍歷史和海軍艦艇設計。我父親載著我和哥哥去海軍長灘碼頭，在那裡我們登上了海軍停泊在港口的戰艦和航空母艦。那裡不准拍照。但我會看到不同的甲板外殼上的雷達、無線電天線、測距儀，和魚雷發射器。當我們回到岸上並坐爸爸的車回家時，我會把那天記憶中見過的所有細節畫出草圖，再轉成比例圖，最後再畫出三面圖包括側視圖、上視圖和前視圖。我十二歲時在八年級上過繪圖課，繪圖是我最喜歡的課程同時也是我得A的兩門課之一門。我所有的工程船圖已超出作業所需，草圖和三面圖的量超出所需的三倍。我不僅在八年級成績直接獲得了A.，連十年級也是如此，就這樣我正式的高中教育結束了。在十年級結束時，海軍情報局要求我從好萊塢高中退學。

但是，與此同時，洛杉磯縣博物館已經審查過了五十七件海軍艦艇模型。博物館館長建議我應該在許多大型百貨公司的海軍日和假期展示海軍的船模。所以我就這麼做了。我選擇了百老匯大百貨集團在洛杉磯和紐約的首要精品商店展示。我在好萊塢大道上的櫥窗展示了我的作品，兩個星期的商店展示所吸引的人群僅次於聖誕節期間的人潮。許多報紙撰寫關於我的海軍艦（船）收藏文章，博物館館長則說這是他在館中見過最好的收藏品記錄。

現在這很嚇人了，幾週後，海軍情報的人員出現在父親威爾希爾大道（Wilshire Blvd）的辦公室裡並帶我父親去聖佩德羅的海軍情報部門進行訊問。他們詢問了兩天，試圖探問他在哪裡獲得到雷達系統機密信息、二十和四十毫米高射砲座裝、航空母艦飛行甲板阻攔裝置控制臺、還有新的五寸雙用途防空砲都具有精確位置和數字。海軍情報局仍然不相信父親不是間諜，當他們看到我好萊塢公寓的所有圖紙、草圖和模型時整個恍然大悟。海軍情報官員採訪了我，並審查了我用各種系統方法及所需的詳細信息編製作成的比例圖，還有建立出的海軍最先進艦艇的比例模型。

他們驚訝於這個孩子能發現他們絕密計劃中的漏洞，但更令人驚訝的是我的攝影記憶力，讓我有能力理解海軍最複雜的任務和武器系統。我在各項任務聲明中說明，因為我審視各種類型的海軍艦艇時強迫自己先了解各艦性能、任務及艦型。情報人員很難接受這一點。這次海軍情報單位對我的調查建立了一個特殊的海軍先進研究計劃，讓我加入海軍上將團隊成為海軍上將里克奧巴塔（Rick Obatta）的一員。（見上圖：進入和離開海軍基地，海軍情報指揮官批准比爾申請的通行證副本）此時我不知道這個特殊的海軍先進研究計劃：我所知道的只是我退學後，就被派到加利福尼亞州唐尼（Downey）的伏爾提飛機公司任職。我在伏爾提的時間原想只是一個月，但由於我父親沒有錢，我們租了一間小公寓卻忘了先付下個月

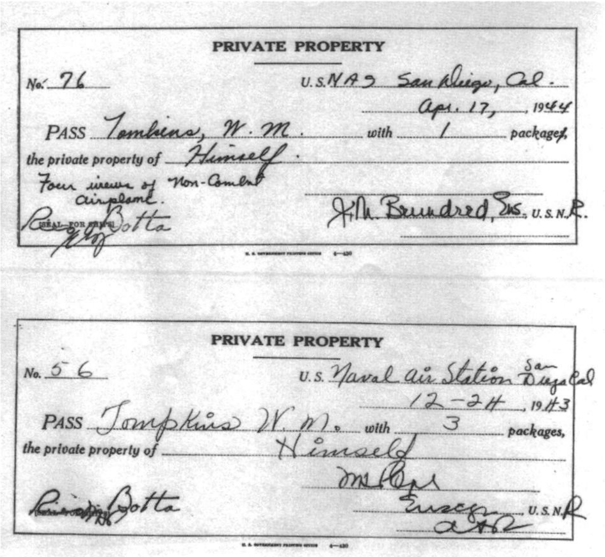

PRIVATE PROPERTY

No. 76　U.S. NAS San Diego, Cal.

Apr. 17, 1944

PASS Tomkins, W. M. with 1 packages, the private property of Himself.

Four views of Non-Combat airplane.

Rick Botta

J.M. Brundred, Ens. U.S.N.R.

PRIVATE PROPERTY

No. 56　U.S. Naval Air Station San Diego Cal

12-24, 1943

PASS Tompkins W. M. with 3 packages, the private property of Himself

Rick Botta

Ensign U.S.N.R.

海軍上將里克奧巴塔批准比爾申請的通行證副本

的租金。就這樣我們被迫每六週左右搬家一次，這種荒謬的狀況仍繼續幾個月左右，我最後在伏爾提工作了四個月而不是一個月。

快速　讀是我在這個星球上取得的好本領：當我在一九二三年出生時，我母親的父母是紐約的專業舞台演員並且相當富裕。不久低潮開始；這時，我父親是位於好萊塢聖塔莫尼卡大道上標準電影實驗室的總裁，不幸的是，他被大企業收購而失業。我的家庭再也沒有過美好的生活，這確實改變了我母親奢侈的生活方式。我的哥哥，比我大兩歲，確實過了一些美好生活，但我太年輕了而記不得大部分奢侈的生活模式。

在企業收購之前，我的家人——我父親、媽媽、哥哥和我自己——在好萊塢的一所大房子裡生活得很好，並在聖塔莫尼卡一個較小的房子裡度假。之後企業收購，我們一直搬家，直到我十七歲。我們搬到了長灘，回到好萊塢、回到聖安娜、回到長灘、回到好萊塢、到洛杉磯，最後再回到長灘。

談到搬到聖安娜（Santa Ana）：這是一個覆蓋著橘園和牧場的鄉村小鎮，街上無車。一九一四年的圖書館是葡萄酒莊，存有一九一四年的農場書籍。當時大家並不知道什麼是海軍艦艇，那一年期間我處於技術真空狀態。

一九三九年，長灘是主要的海軍基地。整個太平洋艦隊駐紮在那裡，當時海軍非常關注日本海軍在東太平洋的建設，他們的建設造成日本和中國之間的戰爭。在此期間，日本在美國的間諜偷襲了航空母艦的設計概念。日本人改良了作戰飛機對中國和珍珠港宣戰，他們還提出使用航母作為主要船舶，而取代了其他國家使用戰艦的概念。

住這對我來說是個好地方。這只是一個小公寓，這離長灘彩虹碼頭只有十五個街區的距離。放學後，我和哥哥會在城裡看看巨大的航空母艦、戰艦和巡洋艦停泊在新的港內防波堤。我的哥哥在沙灘上打球時，我就畫著不同海軍艦艇的水線側視圖。我們走回家時，我會研究當天畫的草圖，比較船隻炮、桅杆、索具和飛機與我現在大量的報紙、雜誌、文章、照片和我的圖紙間的變化。我會記錄我的船模型變化，並更新每個海軍模型改變或增加最新配置，然後再重新繪製這些船模型。我經常做這些模型的更新，而我也還在陸續構建新的船模型。

我對自己開發的系統，應用在各種機密的海軍雷達和高射砲的使用狀況越來越專業。要知道，這時海軍航空的雙翼機帆布蒙皮也改變成低翼鋁合金飛機。無論出於何種原因，此時我也受命得讓我的海軍船模在每個配置中都是最新。我無法全部做到，但我盡量收集接近海軍當時能力的模型。報紙上關於我船艦收藏的文章和照片每次都報導海軍建造了一艘新船，我就從他們的論文照片中建立一個新模型。這些新訊息就會出現在世界各地的報紙。每當我們搬家，我都會在商店和學校展示模型。我爸會收到他們的來信，祝賀我的收藏成果。這些信件來自南加州城鎮的商店經理和校長。我受邀在數百人面前——船艦收集品前——在海軍機關、大學高中裡、和 VFW 商務會議中發表演講。這時是洛杉磯時報文章發表之前，當時我是好萊塢高中的一年級生。

我在好萊塢高中的英語課上，布萊克先生強迫我在課堂上發言。在課前給我兩分鐘發表，我一開始全身發抖，甚至無法撐到兩分鐘。但是，經過三個月談論海軍的船隻後，這些審查船模的經驗對我來說非常寶貴。這讓我得以在廣大觀眾前以無比的信心做極大的發揮。

後來，在道格拉斯，我擔任阿波羅工程組長和在TRW擔任先進概念部主任及計畫概念經理，向海軍上將和空軍將軍提出了先進的武器系統概念。我的專業使我有信心在他們對我們目前正在開發的設計方法因太保守，而提出爭議。他們接受了我的概念，因此，我們再次獲得了主計畫開發合約。這一切都來自那位在英語課上不太能言善道的孩子。

像百老匯和梅這樣的公司都讓我一次能展示我的船模三個星期。他們讓我在店內展示這些模型是如何建造的。他們提供了我一個U形桌子，讓我坐在中間。週六，從十點開始到下午五點，在這三週裡，我展示了各種草圖和船模建築，我說明著我是如何用刀和剃刀刀片劃出船體的。商店櫥窗前面總是擠滿了人群，上面寫著一個標語：「與海軍造船廠男孩有約。」商店會在鎮上及報紙刊

MINIATURE FIGHTING SHIPS modeled by 17-year-old William M. Tomkins, formerly of Santa Monica, have aroused the interest and admiration of naval officers. Photo shows the youth displaying his fleet to Capt. H. C. Gearing, commandant of the 11th Naval District, San Diego.

比爾的迷你船模型受到多人的肯定，照片中是美國加利福尼亞州聖地亞哥海軍訓練站的指揮官基爾與比爾

登廣告宣布我的活動；報社會打電話給我爸爸並採訪我，再另外寫篇關於我所收藏的詳細報導。到目前為止，我還留有以前的文章，是當時我父親保留下來並展示給很多記者的。我覺得我父親因為商店展示而有一些利潤，但是，如果他真的這麼做，他也從未告訴過我。

一年多來，在我不知情的情況下，海軍利用我的專業知識制定了一項計劃。經由海軍情報局的安排，海軍軍區上將指揮官查爾斯布萊克利（Admiral Charles Blakeley）看了我的背景資料和船模後，找了美國加利福尼亞州聖地亞哥海軍訓練站的指揮官基爾（H. C. Gearing）上尉與我聯繫。

我仍然繼續獲得額外的海軍艦船和飛機的資訊，我一次可收集五十多艘美國海軍艦艇。洛杉磯郡博物館館長，徹底檢查我所有五十艘船型後，他們說「……這確實是一場國內最有規模而且是鉅細靡遺又傑出的展覽。」

他們對我的能力印象深刻，並聯繫了一些最能規劃我未來專業領域的人員。總的來說，他們是了解能夠提供怎麼樣的海軍職位給我的人。在給我父親的一封信中，指揮官說：「在我腦海裡，你兒子的未來毫無疑問地會是海軍職，我堅信在那裡他會有一席之地，能發揮自己所長。」

我被安排到加州唐尼的伏爾提飛機公司，聘我的單位是先進發展部。我必須先在生產部門工作，在一張金屬上進行鉚接，在那裡他們先對我進行安全檢查。我因為搬家太多次，所以得花十二個星期打包整理。伏爾提有一份合約要我設計一個非常先進、秘密、長距離的戰鬥機叫 XP-45。為這個計畫我努力了好幾個月，在這段時間中，也是海軍正決定我將被分配到哪裡的時刻。

第⑧章

關鍵俱樂部的騷擾都以某種方式由外星人控制思想？

當我到達工作崗位時，史蒂夫莫耶組長（Steve Moyer, a Section Chief）向我跑過來喊道，「我知道索倫森在哪裡認識他的秘書。他和我這個週末去了拉斯維加斯。我們去了凱撒宮而你秘書的姐姐當時就在舞台上。演出結束後，我在酒吧與她交談。我簡直不敢相信！看起來這些外星女孩都在到處行動。」

接著迪克斯塔克（Dick Stark）插話說：「好吧，我看到她堂兄與建築承包商審查了亨廷頓海灘（Huntington Beach）的阿波羅土星五號 B 段生產現場的設施。這些偽裝的外星人正在此計畫的上層活動。」

我問道，「嗯，你還期待什麼？如果你要隱姓埋名，你就不會讓你自己用這最簡單的方法滲入這系統？的確，他們拿秘書作誘餌；但當真正的熱火起來的時候，他們就會去滅火。某種程度上這種簡潔有力的手法簡直是天才。」我忍不住笑了。

「無論他們是誰，這些女孩都用身體擄獲我們，而且大多數人似乎還覺得不夠！」當我們前往辦公室時，大家都笑得很開心。當我走進門就一直有著強烈的恐懼和興奮的感覺。傑西卡盤腿坐在椅子上。我忍不住看著她完美彎曲的大腿。

她對自己充滿信心，並且瞥了我一眼說：「你知道你想要」接著她說，「萬歲，又到了星期五了，比利男孩。我這些天都等著你，親愛的。」

在道格拉斯的太空管理工程單位工作，面對外星人威脅及試圖要完成阿波羅登月計劃所需的主要里程碑壓力確實很大。關鍵俱樂部主要就在減輕壓力——都在每隔週五的上午十一點三十分舉行。即使是走出辦公室喝幾杯也很舒壓，因為我得抵制秘書不斷給我的壓力。高級經理們（騷擾客）和我護送著我們的秘書如同他們是我們的妻子一樣。我們總是穿著合身、昂貴的西裝，就像我們去參加公司的會議一樣。大多時候，女士們會穿著雞尾酒禮服，脫了就是泳衣。

我的秘書穿著她的小橙色迷你連衣裙，給我一個美姿，然後說，「你準備玩了嗎？你知道，本周有些延緩。」她把手指扣在我的領帶上邊走邊搖擺向外，上了我們的車。開著車齡一年的卡迪拉克，我們驅車前往恩格爾伍德（Englewood）最大的一家紳士俱樂部——Cat Club。

一路上，我的秘書穿著迷你裙一直滑到座位下，high 到不行，一直渴望著熱吻。

到了 Cat Club，我們都習慣上樓吃午飯——這是一個大的私人房間，配有裝飾昂貴的大吊燈和遍及整面牆的絲絨沙發。長廊相接著使得私人房間像酒店。當我經過時，我可以聽到激情的聲音，傑西卡豎起眉毛瞥了我一眼。她不屑地說：「聽起來似乎有些人正在快樂地享受著。」

我們接著來到餐廳和舞廳。每次總有一張很好的宴會桌上，擺放了約三十人份優雅的銀餐具。一些女服務員穿著緊身胸衣和吊襪帶，提供我們團隊飲料和開胃小菜。X先生，索倫森舉起酒杯說：「敬阿波羅土星5號B，願我們一起進步，我希望她能飛遍銀河系。再敬諸位女士們，在整個過程中給我們溫暖的撫觸。」

索倫森繼續喝著酒，當服務生遞給我下一杯酒後，我開始感到全身有點放鬆了。但是，我問我自己：這裡所有的騷擾是否都是以某種方式由外星人控制思想？並由索倫森指揮呢？他自己是不是可能是一個爬蟲類外星人？那些秘書怎麼樣？她們難道都沒有丈夫或男朋友嗎？

在用完午餐和充足的香檳之後，幾位經理與他們的秘書配對（或某人），並開始作美好的事。這一點我不得不感嘆。我知道此刻必須保持頭腦清醒，抵制誘惑。我在房間對面看到了傑西卡，她正接受索倫森的指示要從群眾中引誘我。其他的人就不做別的事情，一直盯著我看。當傑西卡點完頭並轉向吉姆時，我也迅速地完成了第二杯香檳並鬆開我的領帶。

當她靠近我時，我用她的三英寸高跟鞋讓她旋轉，並護送她走過 AI 索倫森，此刻他是老大。我諷刺地對 AI 說：「玩得開心！」反感的看著他臉，他脫掉了傑西卡的衣服，假裝在眾人前面的地毯上當眾蹂躪她。她沒讓他得逞。我轉過頭去看他處；然而，整個房間都充滿激情瘋狂。我設法放下另一杯香檳，離開了正進行的活動。該派對有時會持續到週日中午。很少有參加派對的人回到辦公室。這些惡作劇不僅僅是一種儀式。

我過去七年所構思和發展的每個計畫，幾乎都是離奇的成功，帶領大家確切建立我所達到的計畫。是的，有一個已規劃好的方法，利用某件事在控制著我，所以我也被控制著，就像他們對工程部門上層的騷擾客一樣有控制權。

現在，我想說清楚一點：這在大公司中並不是不罕見。但這非常不同：誰想知道？是索倫森，還是或許是索倫森的老闆？甚至可能是總公司的副總裁？NASA 本身怎麼樣？

聖貓！如果傑西卡真的是一個北歐外星人，那麼也許爬行動物會試圖阻止她幫助我們發展銀河系的能力？埃爾默惠頓從來都沒有介入過。

8.1 到底是誰在搞鬼！外星人？

早期的阿波羅是否有一些真是外星人？傑西卡如何從銀河系織女星拉斯維加斯中繼站飛過來

「嘿，比爾，」克里夫說，「你還記得你剛拿到識別證，第一天打開新辦公室大門的時候？一位坐在客座椅上漂亮的女士嗎？還記得嗎？」

「是的，克里夫。」

「她微笑著對你說，『我是佩特拉（Petra）。我來這裡是為了讓你擺脫困境。我知道你整天都在這裡。』那時你回答說，『嗯，可以，這適用在我們整個設計組，除了克里夫和我以外。』」

「是，那怎麼樣？」

「她非常愉快，對嗎？率直乾脆。」

「儘管她在聽寫上有點慢，但她確實讓我們每日事每日畢。」

「我們都認為一切都很順利，」克里夫繼續道，「直到一天早上，我們進入你的辦公室，新的一位紅髮女郎正坐在你的桌上。她說，『嗨，我是艾米莉。佩特拉飛回總公司。她走了，現在由小女子我為你服務。』」

「好吧，讓我告訴你，被艾米莉困住其實不是問題。」

「此外，比爾，」鮑勃說，「我上週五在諾斯洛普看到了佩特拉。發生什麼事了？」

「我不知道，鮑勃。我不認為她會對我們每個人不滿。」

「也許拉爾夫，我們的律師，可以找出原因。我沒有抱怨！艾米莉說不定會更好。」

我補充道，「我的員工和團隊工程師們能獲得這樣可愛年輕女士的充分支持，那是我們整組的福氣。」我們組是整個工程部門中，大家最羨慕的。

「但我們需要一位優秀的組祕。艾米莉非常敏銳；很有幫助。她甚至改善了我們整個組的報告時間表。」

在這次談話兩個月後，艾米莉哭著告訴克里夫和我說，她已經被調到埃爾塞貢多的工廠。我們的律師拉爾夫馬隆（Ralph Malone）聽到了這個突發事件，就問艾米莉說，

「是那個鬼告訴你的？」

「我不能告訴你們。」

「哦，來吧，艾米莉。你是我們的一分子。」

「我不能說。說出來我會被解僱的。」

「停！」拉爾夫說。

「我會直接去問加里蘭斯頓（Gary Langston），看看是誰在搞鬼。」

而且不僅僅是拉爾夫。全組都想知道發生了什麼事。一周後，我們還是不知道發生了什麼事。

接下來的星期六，早上七點三十分，這是一個異常溫暖的春天的早晨，我們大多數人都有上班。克

里夫和我穿著休閒服，在入口處的空曠停車場碰面。

走進工廠後，克里夫說：「比爾，今天真是美好的一天，而且離海灘上的女孩們只有十四條街之遠。」

「如果你要去，我陪你，」我說。

克里夫說，先進辦公室再說，「嘿！比爾，猜猜看盤腿坐在你桌上的會是誰？」

「哦，我的天哪！」我想。是一位穿著藍色牛仔短褲的小可愛，上半身穿著可愛的小衣服——和紅色比基尼上衣。

「嗨！我是露西，」她說。「露西，隨你差使。」按照克里夫的說法，當我看到她時，她已脫下她的高跟鞋，來到克里夫和我面前，然後說：「你們都很可愛；這一切很有趣。」

我們週末工作時幾乎沒有打扮，但看著露西，我認為她也真的沒有穿制服。克里夫不在乎。

「現在我知道為什麼我們今天必須上班，比爾！不要讓她穿得太正式。」

的確，我們整天玩得很開心。露西的短裙必是一號大小而已，但穿在她身上看起來像是完美的四號大小。她知道我們關心他，就自動告訴我們，她是來自總公司打字儲備處，對工程學知之甚少，但學習速度可以很快。她確實是如此。

後來，拉爾夫發現艾米莉已被調到埃爾塞貢多工廠。才剛過一個星期，她已不住在原來的公寓。但，露西卻不一樣，在她消失之前，她和我們待了四個月。

「到底是誰在搞鬼？」拉爾夫說。

「更重要的是：為什麼？」克里夫補充道。

「有人必須試圖找出原因以及知道為什麼，比爾，似乎每次都能成功。」

總是有穿著迷你裙的妙齡女郎這說法已經成小道消息，傳遍整個推進組。

「比爾，」他補充說，「我們組是不是負責阿波羅 S-IVB 階段射前測試和地面支援？」

「是的，」我說。

「我們不是整個計劃的系統分析師嗎？比爾，我們擁有工程師的人數是所有組最多的！那我們不是應該要有最好看的秘書嗎？」

「是的，克里夫。」我再次同意。

「但，我們在這裡，沒有任何組祕，」克里夫抱怨道。

接著，踏著這個夢想。我的意思是，她是絕對華麗的；道格拉斯以前從來沒有見過這樣的人。她走進我的辦公室說：「我來了，比爾。現在我們可以一起共事。」

我不得不同意克里夫的想法，我也在想同樣的事情。做什麼？一堆東西在我的腦海裡打轉；我想到有很多事情是能讓我和她一起做的。她很漂亮、身材高大，有秀長的金髮，穿著是未來秘書的標準打扮：一件非常短的雞尾酒禮服。

不知何故，她給我的印象是拉起她的裙子，看著她的腿，暗示著她可做任何她想做的事，現在在我的桌子上，所有的工程文件都擠在一起，從辦公室向外看去。我從肩膀的高度看出去，注意到所有打字員的臉都羨慕不已。那裡有一群秘書。等等，我想，這些秘書是誰？

當然，克里夫不得不說那是他見過最性感的長腿。看看那四英寸的透明塑膠高跟鞋！很經典！

我走了出來，迎面而來的是一位女秘書。

「你再次失去理智，比爾，」克里夫說。

一陣虛弱後，我不得不坐下來。在我桌子上坐下來面對我的，新夢想為我提供了我見過最令人難以置信的景象。

「我是傑西卡，」她說。「你還記得嗎？」

「我，呃，威廉，」我結結巴巴地說。

「是的，我知道，」她回答。

「你是比爾湯普金斯，阿波羅計劃裡月球和火星任務負責的組長。我來這裡是為了實現這任務，好嗎？」

「對我來說，這聽起來不錯，」我說。

「克里夫，你能給我們二人一些隱私，」傑西卡說。

「你怎麼知道我的名字？」克里夫問道。

「只要關上身後的門，克里夫。比爾會好些。」

他砰的一聲關上門。

再次走出，我告訴她，「你真好，傑西卡。」

她抱著我的臉，她說，「現在一切都會好起來的。」她用雙手把金髮拂過臉後，導致她的領口更加低深。

「有公務，我需要打幾通電話。」

當我看到她和我手機上的某個人說話時，我當時仍然坐在桌子上，事情似乎清楚了一些。我覺得她可能是紐約市貝爾電話公司耐克宙斯防空導彈的反導彈計劃的執行官。我認為這真的與眾不同。

我想像她穿著昂貴的商務套裝（當然是短裙），跑遍他媽的整個總公司，告訴道格拉斯該做什麼。她顯然是總公司非常昂貴的資產。

一陣敲門聲後，我的辦公室門打開了。

「比爾，」克里夫說，「相互認識時間夠了，十點鐘後我們有一場雨舞，帶她來。」

8.2 外星人藉由心電感應將想法植入地球人腦袋

三個星期後，克里夫和我飛在三二〇〇〇英尺高空上，在一架品牌閃亮的道格拉斯 DC-7 新聯航飛機的頭等艙中，我們離開洛杉磯國際機場兩小時後，前往奧蘭多的卡拉維爾角要討論所有 NASA 的問題。

「比爾，」克里夫說，「現在這真的是生活；這些伏特加手鑽非常棒。但我擔心的是：我們倆會不見，你認為這個計畫是否安全？」

我還沒有完全從傑西卡的考驗中恢復過來，「什麼安全，克里夫？」

「剩下傑西卡一個人嗎？」

「她可以出售整個他媽的總公司給我們的競爭對手波音公司；或者更糟糕的是，賣給該死的俄羅斯人。」

「好吧，的確，克里夫，你是有道理的。你應該關注我這個小金髮女郎已接管了整個銀河系。」

我想，這是可能的。她辣到確實是從那過來的。

「少來這套，比爾；她不是小女孩。那些長腿是從不缺席的，即使沒有高跟鞋，她也是跟你一樣高。」

「是的，克里夫，但她很聰明。每每遇到問題的核心，她都能推演所有的細節，以看清事情的全貌。」

「好吧，比爾，但為什麼要替換這些女孩？傑西卡和推進的夢想來自哪裡？」

「你知道，克里夫，當她這麼做時，她很快樂，她幾乎達到了高潮。她清楚她讓我很難受，因而樂在其中。」

「但比爾，事情正在發生。」

「慢點，克里夫；我請空姐再給你一杯伏特加手鑽。但，是的；你是對的，事情真的發生了。你就和我在一起，這樣才能有解套。傑西卡和那些外星人長期以來一直在用先進的想法填滿我們的腦袋，你覺得有沒有可能？」

「哇嗚，聖貓；是比爾阻止我。」

「好吧！想想看；如果克倫佩勒博士是對的，而且如果外星人可以從停在外太空的巨大母船上，藉由心電感應的方式將想法植入我們腦袋，那麼他們早就會這麼做了。」

「哇，那肯定能解答很多問題。」

「克里夫我很高興你坐著，並為這個綁好安全帶。」

「為那個？」

「我認為外星人有可能阻止我們看到他們。」

「克萊姆和哈特利（Hartley）博士都表示這是可能的，因為我們人類大腦只使用了一部分的空間，而外星人可以開發其它部分，這是基本常識。」

「所以你說傑西卡真是外星人嗎？」

「不；我不認為傑西卡是。」

「有看到我們走道上的那兩個位子嗎？」

「也許，只是也許，有兩個外星人坐在那裡，就是現在」

「男的還是女外星人？」

「可以說是像傑西卡的類型。」

「我接受這個想法，比爾，如果你能和他們兩個聊天後，重振我們的願景再一起共進晚餐。」

8.3 獲得極具榮譽的短徽章／設計月球計劃與土星火箭發射場計劃

回到聖塔莫尼卡，我擔任的新職是帶有一個短徽章的阿波羅計劃工程組長，（這是一個管理職）和構思一個土星S-IVB射前階段測試和發射系統的先進概念設計。然而，我最終主要工作是重新設計月球計劃，這包括土星火箭發射場的計劃。

阿波羅的組織結構圖很龐大，你必須明白其中人數超過六〇〇人，土星5號月球載具的S-IVB本身就很龐大。該計劃中有最合格的工程師、設計師和數量最多的博士。這是因為我們的任務需要詳細了解在道格拉斯S-IVB該節中的每個系統和每項功能，包括整個阿波羅載具及其任務。我們甚至有一位專利的律師，他是計畫中唯一的一位。

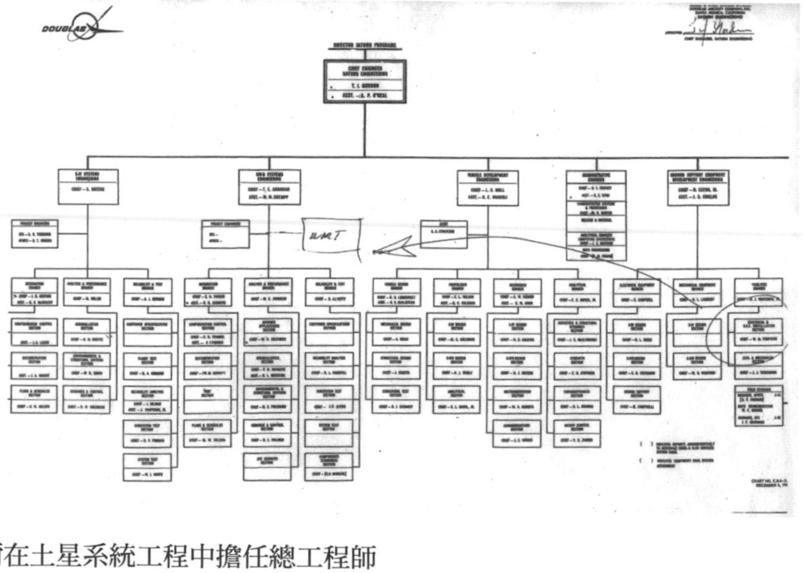

比爾在土星系統工程中擔任總工程師

第⑨章
受批准了！月球太空競賽登場了

約翰．甘尼迪總統獲得批准允許執行離開星球的計畫，NASA阿波羅計劃因此而開始。我說「獲得批准」，是誰批准？誰讓甘尼迪如此瘋狂，擁有去月球的愚蠢想法？當然，不會是國會；他們若有這數億美元，通常都會把大桶大桶的豬肉送回自己的選區去了。為什麼蘇聯將軍和美國海軍上將，能夠不管一九六〇年代早期這些國家的社會需求，並放棄一些新玩意而從事荒謬且蓄勢待發的月球任務？有人准許！這開啟了人類歷史上曾經嘗試過的最複雜的技術任務。月球競賽登場了。

最初的NASA阿波羅登月計劃任務控制中心原本想要建在南加州，洛杉磯大都會區，這裡將近有百分之九十的航太概念設計的太空研究均座落於此。

副總統林登．詹森（Lyndon B. Johnson）私底下算盤著希望有盡可能多的資金能夠傾注到他的家鄉——德克薩斯州——這樣他就能成為首位將第一個地球人送到月球的人。林登．詹森私下允許三邊委員會（Trilateral Commission）和黑手黨作掉約翰．甘乃迪總統。如此一來，這就打消在加利福尼亞州LAX附近建立NASA的控制中心，及建立主要技術專長的希望。詹森，他實際上對甘乃迪總統的飛離行星計劃所知甚少，但卻接了這個任務，以及負責這個星球上最先進的太空任務控制中心（這是我在智庫中的設計）。我們南加州還失去了一百多名頂級技術人員，他們被迫搬到德克薩斯州炎熱潮濕的沼澤地。

那麼，為什麼NASA在一九五六年成立呢？在公開場合，它是為了提供非軍事而創建的太空政府機構；但私下，它是為了建造一艘飛往月球的火箭飛船而立。哦，的確，「邪惡帝國」仍然試圖想要先到達那裡，但我們是為了一個和平、探索性的冒險任務去那裡。嗯，這不完全是事實。早在一九五三年，一些令人難以置信的太空研究就在道格拉斯智庫出現了，不僅是美國政府高層領導知道有外星人參與人類事務，連舊蘇聯也知道這一點。在外星人的幫助下，蘇聯人一心想著要先登上月球，以便在那裡建立導彈基地並威脅和控制整個地球。

所以，讓我們仔細看看當時的情況。首先，NASA不是民間組織，它從來就不是。這是美國海軍內部控制的軍事行動。阿波羅登月計劃不僅僅是一次的民事探險，它也不是一個大學研究月亮岩石的計畫。

我秘密參加了道格拉斯智庫的先進設計，被選去設計一個在月球表面上和表面下能承載兩千人的海軍基地。這將成為有史以來行星上最大規模的專業技術行動，是月球上主要的軍事基地。這個海軍月球研究中心也曾經構思過最先進的海軍陸戰隊太空作戰中心。

9.1 一九五九年冷戰期——打造一個三萬人口的大規模地下設施

我在先進設計組的這一段日子，設計了不同版本的洲際和中程空軍和海軍火箭（後來我們簽訂了A.F. WS-315A的中程導彈系統合約），道格拉斯也獲得了幾枚德國V-2火箭。這在當時是最好的武器，以有大量的文件檔案著稱。這些被安置在陸軍的紅石兵工廠和新墨西哥州的白沙試驗場，在同一地點還有一些道格拉斯智庫，啟動了逆向工程及各項行動設施。

道格拉斯有聘任一些德國先進設計科學家，其中一些人以前曾參與過大型的德國火箭計劃，其中包括巨大的A-10火箭。要是美國在一九四五年沒有讓德國投降，那時德國人製造的火箭，將意圖發射飛彈越過大西洋上並打到紐約市。所以，我們得到了一批大量的A-10文件資料，這是關於遠程導彈的製造資料。

此時，海軍情報部門也證實蘇聯生產了等效的遠程導彈。然而，更具威脅的是蘇聯也使用德國後期的V-2，A-4／A-10計劃和後期計劃的技術，並可能是通過外星人利用心電感應的方法設計了幾具大型載具。他們似乎打算通過將這些火箭發射到月球，並將月球作為導彈的發射場來威脅美國及其盟邦，藉此取代美國和其他盟國的導彈發射站。甘乃迪總統告訴我們大家，我們「準備去月球」。所以，我懷疑NASA只是個幌子，為美國用來擊敗蘇聯進行月球行動的大規模軍事機構。（後來，我發現NASA不是一個民間組織。它反而是一個海軍組織，用於穿透我們的深空星系）。

此時，道格拉斯百分之九十九的員工不知道，DAC工程部門正在進行一項重大的調查工作。這涉及外星人在場的可能性，也涉及道格拉斯工程的一些頂尖思考（mind）策略。這調查得到了非官方的支持，道格拉斯也根本不知道是誰在收集秘密研究的信息。其他像諾斯洛普、北美、洛克希德和加州理工學院等飛機公司也參與其中。北美航空公司的高層官員瓦爾特・里德爾博士聯繫了道格拉斯的克萊姆博士，當時他正在先進設計組進行一項由埃爾默惠頓支持，而我也正在進行的外星人特別研究。

我們和智庫的其他人完全沒有意識到在智庫中機密區域到底有多大，也沒有意識到它正在接受軍方和其他公司的支援。他們就在大廳下面（down the hall），在我們辦公室外，一個需要特別通行證的空間裡。然而，我們有些人（至少吉姆和我是）都接到了埃爾默惠頓和克萊姆的任務，這些任務涉及到大規模的地下設施概念。我們幾乎沒有建築訓練或理解地理和結構問題的相關背景，這難題限制了我們建造這些設施的方式，讓我們很沮喪。

但是，每當我問克萊姆這些設施的用途時，他都會翻白眼說他沒有相關信息。他只告訴我，「只要以三萬人口，來計算提供研發中心設施所需要的一切就好。你知道，比爾，這就像你打算在懷俄明州的農莊裡建一座新的汽車廠那樣。」

「好吧，克萊姆博士，但我想我們在這裡設計了飛機和火箭。我會像我之前做的那樣開始，首先考慮我的需求清單，然後是電力、公用設施、運輸等。照明將是一個大問題，如何打造這個設施所需佔據的地基呢？」

「據我了解，這已經得到了解決。」

「我是否應該用模組化的方式來擴展這個社區？」

「是。比爾，這是個好主意。我相信他們會想要的。」

冷戰將使 NOVA 載具從智庫進展到工程階段，甚至也推動了那些在月球和火星上使用的高機密計劃。我必須重新開始，對繪圖作權衡取捨。我帶著我的海軍偵察和攻擊概念文件夾並提了每個任務的十一個願景。

9.2 我們擊敗了馮布勞恩的德國紅石導彈——DM-18 發射升空

一九五五年在卡拉維爾角裡複合發射架 17B 上的 DM-18 發射計畫

我們在阿拉巴馬州的亨茨維爾發射計劃擊敗了馮布勞恩的德國紅石導彈。在獲得空軍中程導彈二四〇〇英里射程的 WS-315 生產合約計劃後，我們知道道格拉斯 DM-18 雷神導彈和機動發射系統必須超越亨茨維爾可以趕上的任何規模。作為 DM-18 測試的助理小組系統工程師，我的工作是管理在佛羅里達州卡納維拉爾的空軍測試中心並提供發射人員進行的發射計劃。

三個星期以來，我們的 DM-18 2347 已經在 ICBM Row 中心附近的複合發射 17 B 架上備妥。我們的冰屋形碉堡距發射台二三〇米。這地基三・二公尺厚，頂部有十二公尺的沙蓋。凌晨五點四十分，七月一個非常潮濕、粘膩的早晨，瑞克伯韋爾（Rick Burwell）（我的小組工程師和我們的飛行測試項目負責人）、斯圖帕金斯（Stu Perkins）（我們的裝備專家）、戴爾拉森（我們的儀表專家）和我（發射系統團隊指揮）從道格拉斯外地辦事處前往地下碉堡。

瑞克身高六英尺，穿著藍色 polo 衫和巴哈馬短褲；戴爾，看起來有點肥腰。我告訴他，他有雙可愛的腿。

「我知道在第二十二號複合發射場（Com-22）沒有女孩會來查你勤，但你真的有我，」他說。

「比爾，讓他在我面前消失。」

我們當天的使命是更換測試設備儀器中多項組件，並試圖在測試區內直接發射 DM-18 3457 導彈。

「還記得第一枚來自亨茨維爾老德的德國 V-2 火箭，在舊白沙試驗站為陸軍展示嗎？」瑞克問道。「當時它正好經過埃爾帕索上空，並在墨西哥華雷斯的墓地墜毀！」我們都笑得很開心。「幾乎重啟了美墨戰爭。」

「好吧，今早作五七號的發射就已經夠刺激了，」斯圖同意道。戴爾在另一個淺灘上攜帶了很多裝備，他也同意。「道格拉斯戰場辦公室的沼澤冷卻器在白沙確實管用，但是在這沼澤裡，冷卻器卻一點也沒用。今天早上離開辦公室之前我全身也是濕透了。」

「我也是，」斯圖同意道。

「昨晚倒數計時後，你有查看 Pile National 電纜連接器嗎？」瑞克問戴爾。

「是的，」戴爾回答道。「這些新的電力電纜沒有問題，是 Pile National 公司根據我們的需求建造的。我知道我們在美國 NASA 合約中因為沒有使用舊的二戰陸軍規格電纜而有缺陷，它們像篩子一樣在滴水！」

「混凝土電纜隧道中還有水嗎？」我問道。

「是的，有些地方有九英寸深。」

「這是對我們電力系統的真正考驗，」我補充道。

「但是，嘿，我們以前在這片海角的沼澤中發射過大量的 DM-18。」

在長混凝土階梯上，戴爾告訴我們要單行向前行，。

「小心步伐，盡可能不要沾沙，」他說。

「聖貓，戴爾，在門檻一側有兩英寸高的水。但我穿的是網球鞋！」我驚呼道。

「明天，穿你的靴子來吧。」

「注意，這裡有門檻，」瑞克說。「這寫著第一道鋼製防震門。」

「他們有必要讓這些該死的隧道這麼狹窄吧？」斯圖抱怨道。

「看看那些黏踢踢的東西，沿著牆壁生長的綠色物質。」

「哎呀，今天還是這麼多的蜘蛛網，」戴爾說。「我以為他們每天早上應該被清除。」

「我猜清潔女工今天休息，」我說。

「無論如何，每當蜘蛛網清乾淨後，那些大條紋蜘蛛就會立即回來，」戴爾說道。

「等到你進入碉堡就不會再看到了。我昨天有看到他們，比爾，前天也是，大前天也是，……」

我打斷他的話，「好的戴爾，我們明白了。」

「我知道這是德國人在二次世界大戰前測試火箭的方式，但是這太荒謬了」，斯圖抱怨道。「在波羅的海 Peenemunde 德國人的導彈發射場上，以及在那個寒冷的北歐火箭發展中心區，這種地下生物是可以接受的；但我們現在這裡是沼澤，簡直不可能。」

「盡量不要把你的文件袋靠在牆上，」我說。「蜘蛛粘液遍布碉堡全場。」

「嗯，這條隧道真是太黑了，我一點都沒辦法自主。」

「我不知道我們是否可以發射一枚DM-18，」瑞克說。

「是的，可以在開放機庫中的飽和設備之間進行組裝和射前檢測，這像他媽的在真菌棺材工作，」戴爾說。

「我們必須在這個複雜的電子設備上建立一個白色的交流電廠房，」斯圖同意道。

「無論是那種方式，還是把一切都封好。」

「這也辦不到，」我說。

「這個硬體仍處於開發階段。在這個地方必須適域修改。」

「這該死的味道是什麼？」戴爾問道。

「味道永遠不會消失。太糟糕了。」

「小心你的步伐，斯圖，」我警告著，

「你以前沒有來過這裡；這進入碉堡提高的鋼製防震門檻高達一英尺。」

「好的，」瑞克說，「打開門。」

「哦，夥伴，再看看這些所有該死的蜘蛛網！他們甚至懸掛在海軍的潛艇潛望鏡上，」戴爾說。

「當船長上船時，我不願意成為那個需要幫忙擦拭潛望鏡的水手，最後還發現它不見了。」瑞克說。

「我敢打賭空軍會付十塊錢。」

「好的，夥伴們，關掉吧！我們今天找個時間把 2347 打出去。」我說。

「斯圖是對的，比爾，」戴爾說。

「到目前為止，我們多花了五十倍的時間才把一枚 DM-18 弄成這樣。這不僅僅是我們的設備不好而已，大部分發射架都是卡在美國 NASA 的簡陋設備。我們正常的發射時間應該要比過去十六年中在白沙沙漠中的任何一次要高出四十倍。這對於複雜的 NOVA 登月計畫來說是永遠行不通的。」

「聖貓，」斯圖說。

「看看那發射控制面板。每個開關都被水覆蓋污染。」

「這就是為什麼我們需要一大堆破布，」我說。

「是的，但是在我試圖把開關上的水處理之前，我必須先處理這些布。」

「不要抱怨，斯圖，」瑞克說。「如果新的防潮開關能夠通過這個環境的考驗，那麼導彈系統將能在世界任何地方運行。」

「的確，但我們是測試計劃的一部分。這裡是地球上發展任何新系統最糟糕的一個點。」

「斯圖，你換掉液態氧壓力控制元件嗎？」我問他。

「沒有。我們的櫃子後面沒有進出空間。我無法進入推進架裡的備用電源裝置，這得先取下臍帶連接器。」

「他已經盡力躺下去了，所以他沒事，」戴爾開玩笑地說。

「噢！一隻婊子的孩子正爬上我的手臂！」斯圖驚嘆道。

「哦，有兩隻……哦天啊！我的袖子下有一隻，在我的襯衫下……現在在我背上！」

「他們是什麼顏色的？」戴爾問道。

「咖啡色條紋。」

「那別擔心。他們的藥性並不像大橘子那麼糟糕。第一周你只會嘔吐。」

「翻過來，」瑞克建議道。

「我是……哦，我覺得被咬了！」

「打電話給醫生，」戴爾說。

「我們必須取消發射。」

「哦，閉嘴，戴爾，沒有用，」我說。

「兩隻都被殺了，」斯圖說，

「但我真的不喜歡這個臭臭的碉堡。」就在這時，電話響了。

「我明白，」瑞克接起電話。「又是NASA。他們說要關閉、取消發射。液態氧進料泵失效，備用泵在保養維修。四天後都不見得到的了」

「擦洗發射架嗎？」斯圖問道。「該死，我們這次都還沒有開始！」

「先生，」我說，「我不知道你的狀況，但我會讓我在南卡羅來納州博福特的母親驚訝。他們在島上有一個不錯的家。」

斯圖補充說：「只要站在NASA的裝卸碼頭上，從邁阿密乘坐其中一艘大型白色巡邏艇前往北方，就能返回紐約。」

「在那裡所有你需要做的就是把你的褲子捲起來，」瑞克同意道。「你知道，只要露出腿。那些富裕的大學女生將踩下他們自家大型白色遊艇的剎車，立即在碼頭接你上岸。」

「不，謝謝，瑞克。我乘坐東海岸的火車到博福特就好。」

然而，當我乘車到我母親的內戰城鎮，敲門時沒人應門。所以，我一路走到通往船塢的優雅園景區，我想瑞克是對的。因為如果沒有搭火車，我本可以跳上爸爸的快艇，直奔而驅直達母親的碼頭。

從卡納維拉爾角到南卡羅來納州博福特（Beaufort）的海岸火車是輕鬆的。輪子的鏗鏘聲好像歌唱；我幾乎要睡覺了。幸運的是，有一輛出租車停在車站。我問司機，「你知道海恩斯博士（我母親的）家嗎？」

「當然，」他回答道。

「那就是鄉村俱樂部附近的內陸水道。不過沒有豪宅。」車子通過這個完美無暇的內戰城鎮，來到我繼父和媽媽的家，跟往常一樣漂亮。

他們的房子不是一幢大白色的南部豪宅。媽媽喜歡有現代感。隔壁幾家都是在佔地四英畝上的一層樓房。司機說：「我認為他們會是鎮上唯一的未來派式住宅。」

當我們拉出碎石馬蹄鐵到前面的台階時，我想：這是南方多麼美麗的一天。濕度很低，只有七十八度。這是給母親驚喜的一個完美日子。敲門沒有人回應，所以我一路走到優雅的景觀區，前面就是碼頭。

一個柔和的聲音回應說，「他們不在家，上週回去黎巴嫩山了。」「我是⋯」

她打斷了我。

「比利，我在客廳看過你的照片。」

這是從隔壁來的，後面是一些分隔房屋的灌木。

「你的聲音很可愛，但我看不到你。」

灌木分開後，露出的是一位金髮的裸體樣子。

「紅色花朵之間有一個側門；不遠，一分鐘的距離。」

找到後門後，我繼續前進，逐漸到達一個波光粼粼的游泳池和帶頂棚的露台。

她伸出手說，「我是迪（Dee）。」又是一個華麗的生物，金長髮，穿著高跟鞋和短絲綢襯裙，上面有相配的繩子。她伸出另一隻手。

她仍然握著一隻手將我倆帶到合身的躺椅上。

「不，坐在這一邊，一起，」她說。

當我們坐下時，她胸口就露出來，那神話般的 24B。沒有全裸；她那邊有一條藍色的帶子。

「哦，」我說。

迪打斷我：「放鬆比利，你已經看到我大部分了，只要放鬆，我不會傷害你。」

「好的，我在這裡，你是誰？」

「我在這裡為你母親的鄰居做家務。」

「少來這套；哪個星座來的？」

「我永遠不會說。」

「等一下，我知道你是誰。你不是迪；你是好萊塢 Gardena Junction 的 Mammy Lee Philips！」

她說：「我在這裡的第一個記憶是在加利福尼亞州的聖塔莫尼卡。當時在幼兒園裡，是休息期間；我們所有的孩子都躺在教室的地板上。我抓著你，比利，抬頭就看到我們老師的連身裙。然後你看著我笑了笑。」

「這也是我的第一次記憶。」

「你記得嗎，比利？當時美國航空母艦薩拉託加停泊在長灘港上時，有位可愛的亮髮女孩吃著美味的冰淇淋？」

「是。」

「你還記得你曾經喜歡在日落大道上，那所好萊塢私立學校裡害羞的小金髮女郎嗎？還有喜歡長灘上歡樂合唱團俱樂部裡穿著合身毛衣的苗條女孩？而且是班克羅夫特中學素描課班上唯一坐在你旁邊的女孩。」

那時我不禁納悶她是否知道我認為我們應該這麼做。

我感覺到幾分鐘後她在想著這些事情。

「還有布萊克先生在好萊塢高中的英語課。我喜歡你看我的樣子，」她說。

「你在告訴我什麼？你有沒有和我在一起。自從……」她阻止我

「出生。」

「記得，我們有一次吻了超過一小時，我在北島海軍航空基地機密照片部門暗室裡，把你緊緊地抱住。比利，你應該記得那段時間；當我在為海軍上將里克奧巴塔沖洗一些德國試圖製造飛碟的秘密參考照片時，我們當時一起在等待。」

我想：她知道我有多想擰她一把嗎？

一陣心電感應後，迪說：「是的，比利，這是我們的第一次，我不能再等了。」不，我永遠不會讓索倫森把我惹毛，永遠不會！

「堅持下去，你在玩命。」

「只是一點點。」

好吧，比利，我知道你有想要完成的事情，你做得很好，想到你過去在這麼長時間內所承受的壓力。這是給你的第一次獎勵。

「什麼樣的獎勵？」

「慢慢躺下，比利，我就是你的獎勵。我們將要做的事，沒有人會知道。」

「不，不可以，我結婚了。」

「在這裡不算」迪說。

「在哪裡？」

她貼在我身上，舔著我的臉頰，直視我的眼睛，繼續說，「我們在一起會有多次高潮，你每個月都會喜歡的。」

「每個月？我必須在四天內回到卡拉維爾角。」

「別擔心，我已經做了安排；你正有三個月的假期。」

「不同的時間，這在哪裡？」

我突然有了與她一起飛入宇宙的奇怪回憶。

她脫下她藍色星圖的裙子，也脫掉我的衣服。她說：「喔！比利，你下面很漂亮。」我希望這是真的。

她慢慢起身後，讓我從她奇蹟的聖殿回到現實。放下我的双手後，她轉身走進屋裡。

「哇，這是一個未來主義的墊子。」

一時之間我的頭腦清醒了；媽媽家是藝術裝飾，但這個地方已經離開了這個星系。

「這是他們的大型全玻璃瀑布和水晶般清澈的室內游泳池，」這很大你會愛上的，她說。快速跳進游泳池，擁抱加幾個吻後。「現在沒時間想別的。來，我們彼此擦乾身體。」

「還有，比利男孩，這只是我們首次的蜜月，」她補充道。

我很欣賞她美妙的北歐身材。

「時間夠讓我們在中途吃個飯。你穿的是北歐海軍指揮官量身定制的製服，而我穿的是閃亮紅色的中尉靴子，記得嗎？」

「巴士分兩班離開；我們開始吧！」

「開始什麼？」

「我把它停在房子旁邊的草地上；我的車，就像你們叫車一樣。」

我們去了側門。

「這裡沒有跑車，」我說。

「你喜歡嗎？」

「喜歡什麼？」

「哎呀，我忘了把隱形的東西藏好。」

「哇；這是什麼？」

「這是我一整年暗中操控並讓其為我效勞的玩意。」

「看起來像個沒有輪子的蘭博基尼汽車。是什麼支撐著它？」

「它就只是漂浮在備用電源上。」

「我喜歡這個後面的大圓床。」

「來吧比利，跳進來，我們可以在路上玩。」

隱形的入口門打開了，我們就跳進了前排的控制椅。

迪說：「一趟沒有燃燒廢氣的旅程；這是反重力的。」

她點擊了控製手柄上的起動器，我們慢慢地升起，向上再向上，加速進入軌道出口區。

這裡真的很熱，她的雙臂穿過氣泡頂。「看不到手。」

「嘿，繼續控制著。」

「不要擔心，比利。我已經將它寫到程式裡面啦；它會自己獨立運行，從我們東南銀河系的手臂開放空間，一直延伸到仙女座星系的邊緣，然後再到五七一四象限中你的老朋友那裡去。」

「哪裡是？我們速度有多快？」

「哦，現在大約只有三十倍的光速，但我已經把它調成九十五倍的光速。很容易的，想看嗎？」

「不用。」

「現在也不能，這個區域有速度限制。」

「無論如何，當我們進入海軍上將列剋星敦（Admiral Lexington's Command）的指揮區時，我們會放慢速度。我不在他的指揮下，但我的老闆克林根船長（Captain Klingender）是他營銷的伙伴。現在它獨自運行穿過我們東南銀河手臂的空地進入仙女座的邊緣。首先，我們打算在北歐旗艦上停一下。你的老船友，諾頓船長（Captain Norton），將帶我們快速瀏覽一下橋樑和甲板，以及所有降落的登陸艇。當我們登島時，比利，你會愛上我要和你做的事，而你永遠不會忘記。」

繼續航向另一個藍島星球的軌道。

「比利，你會愛上這裡的。這整個星球就像是一個拉斯維加斯遊樂場。」

這是一趟靈魂（mind）之旅，你覺得呢？

※　※　※

回到現實中，如果真的是如此。

上午十點〇七分，在最後一次的架設後，我們按下了大紅色的發射按鈕，進入發射程序。

我們倒數八、七、六、五、四、三、二，發射，2705 升空，SOB 也跟著上空。

通過對講……

「追蹤攝影機鎖定。」

「計劃結束。」

「二十秒內四十五度升空，」

「鎖定目標。」

「經緯儀追蹤，上線。」

「下降段追蹤，上線。」

「SOB 完美的在跑道上，一切都很完美。」

「巴哈馬，低頻攝影機拍到。」

「命中目標。」

「很好，恭喜，各位；這是近七週內一枚 DM-18 的發射。但如果我們要讓 NOVA 船運行，我們將使用我的先進設計遠程發射中心的概念，讓每個運作流程都在一個環境控制下的發射中心進行組裝和射前檢測。」

「你說的算，比爾。」

9.3 誰在控制我們？黑帽外星人的威脅？

隨著時間的推移，在高階設計智庫內外，我獲得了能夠解決黑帽外星人的威脅，並設法打擊他們計劃的美名。不知為何，其他白帽外星人在我的双耳之間總是能奏效地把想法送進來。這就像我具備著他們在地球上比我們先進數千年的技術一樣。但真正是誰在控制我們？

多年後，我們終於看到了最高機密蘭德合約中智庫的全貌。它似乎是用來定義外星人的軍事威脅對地球產生即時問題的複雜度。

在某種程度上與我們多少有關的蘭德智庫，已在國內每個已知的領域使用了包括艾伯特愛因斯坦最高水準的專業技術。這定義了整個美國，為了因應外星人的威脅，在每個領域的快速發展，這速度快到失衡。

似乎即使所謂的十二至尊（MJ-12）也是在我們的智庫之後創建的，他們也請求智庫的支持，這是平衡和交叉努力以獲得來自工業界實驗室和大學研討會的幫助，項目如下：

(1)創造人造衛星設計計劃潛力，從我們星球軌道上運行的通信系統提供有關外星人在軌的軍艦的信息，因為外星人在全球軌道上運行。

(2)用我們的衛星和阿拉斯加傳感器開發一種記錄和計算外星人活動的方法，並將此信息轉換為可理解的文稿。這個任務導致道格拉斯在加利福尼亞州聖塔莫尼卡飛機公司智庫內設計的第一台計算機。研發單位是帕薩迪納的加州理工學院。

(3)在阿拉斯加完全重新設計的發射／接收天線站，反 UFO 武器針對包括精神控制（現在的 HAARP）。這是結束所有戰爭的武器。設立在阿拉斯加桑福德山（Mt. Sanford, Alaska）的通信系統研究高頻極光（High-frequency active aurora）的特性，研發電離層通訊強化技術。

(4)一九五七年北美防空協議創立 NORAD。外來數據傳播防衛信息中心必須位於州界（state-side）地下（現在是北美太空防禦司令部（C2I），科羅拉多斯普林斯，科羅拉多州）。

(5)指揮控制站也必須位於州界（state- side）地下（我設計的），現在是空軍 SAC 指揮所和最重要的指揮控制中心，（C2I）在奧馬哈內布拉斯加州。

(6)接收天線通信站，作為導彈發射操作備用系統可安裝在海軍遠程反外星主力艦平台船上，（現在是佈署在全球 AEGIS（C4I）艦載驅逐艦導彈防禦系統和巡洋艦上）。

(7)反外星人太空船防禦基地位於州界（state- side）地下。道格拉斯陸軍 NIKE ZEUS 反導彈，導彈防禦計劃被部署在馬薩諸塞州波士頓地下的防禦系統中。

(8)中程彈道導彈計劃，現為道格拉斯空軍 WS-315 遠程彈道飛彈系統（IRBM）部署在歐洲。

(9)長程導彈探測計劃。現在，義勇兵遠程彈道飛彈系統（IRBM）部署在美國西部各州的地下。

(10)潛艇，反外星人潛入式發射導彈系統。現在海軍星戰雷射（激光）系統部署在全球。

(11)星球大戰雷射（激光）武器系統。美國軍用車輛光束系統部署於全世界 747 級巡邏機。

(12)研究和開發各種可能的防禦外來外星人攻擊的武器系統。（現在星球大戰反導彈，導彈計算機控制雷達計劃）。
(13)研究和開發各種攻擊外星文明可能是侵略者的武器系統
(14)研究和開發各種對其他敵對，來自異維度和外星文明的具体了解。
(15)開發了一種與我們自己完全不同的外星現實的適當革新。設想一個與我們不同的另類現實，他們甚至不像我們可能來自異度空間。

嘗試使用舊的陸軍騾子計數文檔方法（Mule-counting），以記錄所有所謂的「外來飛行物」（Incoming bogies）（UFO）或可能的飛機進入美國大陸空域，這是一個非常困難的任務。我們的任務是承擔接收來自大型雷達站和在軌大衛星的信息。該站位於阿拉斯加阿留申半島尖端上將使用碟形天線工作。它將保護美國免受外星人不明飛行物及蘇聯製造的超音速逆火轟炸機的侵害。雷達天線系統在識別後可以允許我們的新的 F-80 噴氣式戰鬥機，以及在軌衛星和反導彈導彈的截擊，使轟炸機或外星飛船在它們到達我們更大的城市時間之前先被摧毀。這是初期的 HAARP。

緊接著，海軍和空軍的庫存增加了兩項主要任務。一個是創建一種系統的方法來識別俄羅斯和進入我們軌道的那些東西的方法。我們需要弄清楚如何繪製他們的預定目標或任務。另一個是建立一個防禦中心，集中科學家和工程師，以及訓練有素的軍事人員，先定義出朋友或敵人。光靠計算尺和計算器沒有用；我們必須設計一套能夠計算數據的設備識別並記錄並決定是否在即將到來的不明飛行物上發射導彈及轟炸機。

在智庫我設計了空軍戰略空軍司令部（SAC）指揮所的前身，這是一個含主樓為主體的的地下綜合體，一個十二層的鋼箱結構，包含一個完全獨立梯降式的戰區指揮控制中心。這座建築是由鋼彈簧支撐，裡面承載一個二十英尺厚、混凝土的抗核硬地穹頂，位於美國中部。

9.4 NASA 在卡拉維爾角的技術問題——從外星科技的逆向工程中發現微晶片：我們航太微晶片技術的大進展

美國 NASA 主要由德國 V-2 導彈人員組成，他們曾設計出非常出色的火箭。但是，像大多數設計飛機的人一樣，他們對設計複雜的導彈控制和航天器所需的電子系統所知有限。在美國 NASA 的內部審查中，我的部分列出了將影響六引擎 S-IV 級和未來土星 5（S-IVB）B 節可靠度有關的任務及工作。我們需要有更多的理由來說服 NASA 支持他們瘋狂的研發。克里夫打電話詢問我們的工作人員有關卡拉維爾角問題的背景資料。

克里夫和我在發明微晶片之前，早期就一起工作過。我問：「你還記得當時我們研究耐克宇斯防空導彈反導彈導彈計劃嗎？我們那時已經開始用有系統方塊圖的電子設計進行射前測試和發射系統了。過去，我們首先使用真空管和電線作為電力和設備系統控制。」

「是的，比爾。」

我繼續說道，「那時需要大量的空間來存放我們所有的電子設備手冊。我們現在可以把整個阿波羅土星五號（S-IVB）第四節射前測試和射控系統放進一微晶片中，這些原來是需要六十個標準的 2 x 2 英尺和六英尺高的軍用無線電機架來裝這些真空管的文件櫃。」

「的確，代理人比爾少校說真空管的缺點是高溫，需要空調散熱。振動也會導致整個系統短路。」

「是的，」克里夫補充道。

「他們還需要風扇、空氣罐和管道來降低真空管中的高溫；否則過熱會引起火災。我們在二戰期間，海軍戰鬥機的收音機機架一直有這些問題。噴射機、導彈、飛機和太空探測器的振動也會導致電線短路。」

克里夫繼續說：「我們在對外星工藝系統的逆向工程發展中發現了微晶片。這徹底改變了我們整個行業。經過一系列廣泛的研究，我們開發一系列電子計算機控制的設備，以用於先進的飛機、導彈、航天器、射前測試和發射系統。我們的機載和地面支持設備系統採用了我的模塊化包裝概念，以接受變革。我們後來採用完全相同的印刷電路卡，包含像在 GSE 中用在太空船的微小型晶片封包概念。這個概念已經成為我們系統整合、製造、系統測試，以及最終系統檢查的標準，甚至也是在執行月球軌道任務期間的標準作業。」

我補充道，「從一九五七年到一九六二年間，電子技術爆炸。這五年得助於幾種不同外來文明航天器及其電子系統逆向工程之賜。那時我們還在飛機上使用真空管無線電，和用計算尺徒手計算我們的導彈和早期航空偵測的飛前測試和發射。」

克里夫補充道，「德州儀器直到二十世紀六〇年代中期才開始使用它們的第一代計算器。回顧其他微型元件，我們已經細分出主系統、子系統的需求，從程序和數據計數器、中斷邏輯、中斷控制、電源、狀態定時器、ROM 到導入和出口系統（60pin 微晶片連接器）。我們在 173 x 208mil（譯按：1mil=0.00254cm）的單晶片上，創建了一個完整的發動機控制系統。這能將數十萬個晶片層壓到單個 4x6 的印刷電路板上。Gigahertz（GHz）和單晶片微電腦因此誕生了。」

我補充道：「當時一位道格拉斯傢伙，他在位於洛杉磯西部車庫中，用化學方法複製了他們的液體環氧樹脂，這是用來夾住他們的微層、黃銅層、和平板單晶設備。經過廣泛的研究我們開發了一系列用於導彈和航天器的電子控制、飛前測試和發射系統。」

「是的，夥伴——讓我們把上述的內容加入到我們未經核准的提議中，然後再回到 NASA 去改變一切。」

第⑩章

別讓消息外漏：重新啟動我們的 DM-18 J-2 發動機計畫

夜晚的空氣因為熱氣而顯得沉重，懶洋洋的海水打在內陸水道碼頭鵝卵石上，激起了漣漪。克里夫試圖擦去他灼熱眼裡的汗水。我說，「克里夫，我們回到了 NASA 在卡拉維爾角全新的三十七號複合式發射台。你從工程學院畢業，我被拉出了智庫。我們正試圖在另一個潮濕、蚊子肆虐、真菌排成一排的開放式機庫裡檢查我們的六引擎阿波羅土星 S-4 級火箭。」

「是的，」克里夫補充說，「我知道這是新的，但至少他們是在地上建了這個碉堡。我們仍然還得面對其他糟糕的地下式碉堡，那裡有所有橙色蜘蛛的後代。」

「當我們最後在開放式機庫中，檢查道格拉斯 S-4 級火箭控制段時，我們在服務塔的頂部用新的起重機將它升起，並將其安裝在克萊斯勒 8 發動機頂部第一級加力器上面。」

「對的，克里夫。」

「是的，然後用這種配置首次發射的將是土星 2 號載具，代號 SA-5。」

「這將會把負載送入軌道，它將會是美國航向太空發射的最重負載。」

「是的，」克里夫補充道，「一輛一六三、五英尺高的車輛，總重量為三七七〇〇磅。」

「聽起來很棒，但是，請記住我們要完成的是在非常有限的時間裡，試圖在 NASA 的 34 號機庫中，將所有這六個 RL-10 發動機同時啟動開關對吧？」

風灌入開放式的機庫，充滿了海沙和水分，裡面毫無任何保護措施。即使門關著，水氣也多到難以置信。

「我們不能繼續使用 A / N（陸軍和海軍）手冊上標準組件，也不能期望我們的電子控制元件能可靠地運作。」

「應該是自動的，就像我們的 DM-18 導彈一樣。」

比爾打電話給我們的射控員工確認。

「克里夫才從聖塔莫尼卡回來，要我們在舊的 S-4 機庫見面」羅爾夫說。

克里夫到了「又是 NASA 的老煙槍。我們已完成了你要求的研究，比爾。」

「該死——你是對的——我們無法依賴 NASA 的規範來解決問題。唯一能保證的是我們必須在軌道上一旦與指揮艙會合後，將能夠重新啟動所有這六枚 RL-10 引擎，以使箭艙正常分離。」

「我們甚至在試驗台上都不能讓它們同時點火。」

「要穩定測台上所有六台 RL-10 的複雜程度和性能的可靠度是令人抓狂的。」

「我們在聖塔莫尼卡的人們一直在推動洛克達因，以重新啟動我們的 DM-18 J-2 發動機。」

「好的，克里夫」，我說。

「別讓消息外漏；我們會將這一點加到我們主動提交給 NASA 的提案中。」

「靠近一點，你們，仔細聽，」我說。

「現在，你們都知道我們在草擬的五節阿波羅土星月球火箭中的第四節；第五節是月球登月小艇和指揮艙。」

「對，比爾，」克里夫補充道。

「好的，請仔細聽。假設我們完全拋棄了阿波羅第三節。扔掉 S-4 節上所有 NASA 的 RL-10 發動機，在我們的 S-4 節上並用一個 J-2 洛克達因替換這些發動機。這比我們 S-4 和 S-3 節的所有六個舊 RL-10 的總推力至少高出百分之四十。然後再迫使 NASA 在北美 S-2 節上使用 J-2 發動機。」

「這將使我們成為土星四節火箭的第三節。對了，克里夫，這會降低多個發動機不能正常啟動的問題並簡化一切事情。這個新的三十七號複合式發射台與舊 34 相同，仍然試圖檢查並發射複雜的太空飛行器，就像那些頭腦冷靜的德國人在一九三三年為希特勒做的那樣。在我看來，亨茨維爾工程技術進步曲線最近是平緩的；沒有保護火箭複雜元件車輛或 GSE 的考量。我多次向他們建議，在每個操作過程，從最小的電子微動開關到整個火箭，都要做環境控制。」

「記得，克里夫，我們是什麼時候開始碰觸工程學的？保持簡單和不要太聰明。」

鮑勃德莫雷特總是告訴我們要這麼做。德國人在許多工程細節都很棒，但他們這個系統領域已經落後了。

10.1 甘乃迪被獲准去其他星球，是誰批准的？

（譯按：土星一號火箭第二節，為 NASA 設計後改為 S-IVB）

月球和早期的土星火箭是用泛美的原廠房

甘乃迪被獲准去其他星球；是誰批准的？一九六五年八月，阿波羅土星 C-1 航天器第一次在佛羅里達州梅里特島的運營中心成功發射，它已經在卡納維拉爾角的舊裝配機庫檢查通過，是由 S-1 NASA／克萊斯勒加力器系列組成的最小加力器，把一個 S-4 DAC 控制節和一個樣板有效載荷從 NASA 的 LC-34 發射台上發射。

我又再次飛到三四〇〇〇英尺的高空上，從空軍導彈測試中心飛回來。那個時候在佛羅里達州被稱為帕特里克空軍基地，在佛州卡納維拉爾角導彈試驗附件場。這裡是 NASA 為其研究、開發和發射而建造的 34 號和 37 號綜合發射台的位置，在那裡發射土星 1B 阿波羅火箭。我記得當時因為要爬上 37 號綜合發射台並俯視三四〇英尺之高而感到挫折，如圖所示。

其中一位 DAC 現場工程師正在尋找另一架失敗的 NASA「J Box」，準備進行射前練習。他說：「這個也搞砸了。」我同意並低聲嘀咕道，「喔！我們的工作也搞砸了，不是嗎？」這個射前測試結構主要在為我們土星 1B 和 2A 火箭在發射台就近提供服務。NASA 的另一位代表也提醒我這也適用於 Apollo V。同時也應該允許研究和開發的變化誤差，以去除並安裝更新的硬體。現在，它確實擁有所謂的「筒倉外殼」，在很多層面上都有三四〇英尺高。這些就像在三層露天測量火箭周圍的蛤殼一樣的框架，有十八英尺高。整個結構看起來搖搖晃晃的，彷彿一陣輕微風就能把它吹倒，較底層也有一些防颶風的圍欄。關閉時，即使是每小時三十五英里的陣風也能穿透外殼中的所有裂縫，讓所有的水分、沙子和灰塵進入電子設備。

我記得在一次的旅行，我曾與阿拉巴馬州亨茨維爾的任務規劃人員討論過。他抓著我問道：「嘿，你來自道格拉斯嗎？」他似乎是關心的，「我們可以怎麼實施這樣一個生產啟動計劃？」他相信 NASA 的大多數人──以及承包商──不明白這不是研究與開發；它是生產。研究與開發花了多年時間嘗試不同的概念和方法以建立成功的系統。生產過程很像亨利福特的裝配線。大量相同的設備都出於同樣的目的。嘿，NASA 合約中的小字到底說了什麼？上面說「到月亮、火星、行星和其他星球的生產工作是在第二階段。」

這是 37 號巨大的發射整備平台

10.2 蘭德合約：地球上第一個銀河智庫

一九四五年我們大多數人都不知道，道格拉斯飛機公司是「唯一可以選擇的來源。」它被授予執行極機密的蘭德合約，以研究和定位地球軌道上的軍事衛星（非正式，外星人威脅）。先進設計工程部門進行了大規模的擴展，以因應這一大問題。這個星球上的第一個銀河智庫成立了。這份合約提供了幾乎所有美國技術人員和組織的完整訪問和支持，他們擁有最高的秘密通關權，甚至高於核彈。這份蘭德合約推動道格拉斯進入幻化般的技術計畫。他們定義了外來威脅並研究了海軍防禦和進攻任務人員需要的方法和技術。他們的方法主要在構思海軍太空任務和戰鬥群，並設計太空飛行器／宇宙飛船攜帶武器來對抗外星人戰鬥群。這得到了北美國航空公司、諾斯洛普飛機公司、洛克希德飛機公司、噴氣推進器實驗室、SRI、MIT 和加州理工學院的技術支持。

我們所知道的就是與我們需要學的所有東西相形見絀。

10.3 登訪世上最大的兩艘戰艦

回想一下，我是怎麼來到這兒的？不，等等，事情不應該是這樣發生的。是的，你的海軍正在開發新方法，以驚人的速度保護我們的家人。萊特兄弟飛行他們佈滿帆布的飛機，也只有數週的時空。而從有智人開始，地球上在這三十萬年間，沒有人完成過這樣的壯舉。海軍在這裡，已經把這種蒙皮布料換成另一種新金屬；他們稱之為鋁。

國會已授權將海軍木星煤船轉換為實驗飛機航母。沒有一個家不應該沒有這些，對吧？那是一片大海；事實上，這個星球存在著很多海洋。海軍確實需要一艘船出港航行。這不是開玩笑，美國蘭利 CV-1 已成為世界上第一艘全長飛行甲板的航空母艦。同時，兩個高性能戰鬥巡洋艦正處於初步建設階段。兩艘列剋星敦（Lexington）級未完成的戰鬥巡洋艦改作為航空母艦也已成形，成為海軍航空兵以艦船為基礎的基地。

多年來，列剋星敦號和薩拉託加號是世界上最大的兩艘戰艦。與蘭利乘載二十四架飛機的載量相比，九十架飛機的乘載量可說是一步大躍進。所有九十架飛機都可以停在後方的飛行甲板上（這就像後院，對所有人來說腹地總是愈大愈好），為自動起飛留下充足的空間。海軍的太平洋艦隊剛駐紮在長灘。星期六，爸爸開車送哥哥和我從好萊塢到長灘海軍裝貨碼頭，那裡一般民眾可以登上海軍軍艦（船）。我們登上了驅逐艦、巡洋艦、戰艦和兩艘航空母艦：美國列剋星敦號 CV-2 和美國薩拉託加 CV-3，全部錨定在新長灘防波堤內。

這是一九三七年一個寒冷的一月早晨。乘船總是有趣的，但看著八八八英尺長的美國薩拉託加航空母艦、擁有七層樓高、有光滑的船體，對我這樣的小孩來說，絕對是見過最令人印象深刻的景象。這就像一艘九〇〇英尺長、九〇層高樓漂浮在我們的小船上，風強勁地吹來，浪擺動不已；船就在經浪風吹過、如白帽似的粗波浪霧中，搖擺不定。風強勁的吹，海浪波濤洶湧著。風吹在水中被推動的浪，讓船忽上忽下，搖得厲害。我們的船也甚至在上下擺動著，我們不得不爬出到 4x4 的濕平台上。之後，我們爬到一個狹窄、陡峭、四層樓高的樓梯上，再到另一個四呎平方的平台，進到船體外一個小的、開放式的不透水門（他們稱之為艙口），還是冷風刺骨。

現在，我們已不受風吹，帶著絕對美好的溫暖感，完全被一個巨型的堅固結構所包圍，在我看來，這很容易向上和向外移動，就像星期日報紙上的閃電俠戈登太空船一樣進入太空。只是這是一架真正的海軍航母。我們爬上了幾個梯子到了巨大的機庫甲板上，那裡有許多明亮的銀色飛機，有兩架用黃布覆蓋的機翼，很快就被更新成由全金屬所取代。

我們再次回到寒風中，從巨大的七層樓高的船尾向後走進漏斗（煙囪）結構。我們穿過更多的航母飛機到第一架大型五英寸防空機炮前，這些是位於甲板的另一邊，一片向下的甲板。薩拉，正如海軍所指，是一艘巨大的船，在我畫比例圖及作模型前我只在圖書館裡讀過。這艘船有八門八英寸的砲安裝在四個砲塔中，兩個砲塔在艦橋前方，另兩個在十層樓高的煙囪上——這是有史以來最大的——還有十二門五英寸機密AA（防空）火炮裝在炮座上六個向前、六個朝後。

早在一九三一年，第一個避雷器系統安裝在飛行甲板上，有八根鋼絲橫跨在船尾甲板。隨著更新、更重型飛機的引入，電線數量和間距改變並受保密。在我精明的小腦子裡，我正在尋找一種方法來定位鉤住飛機在著陸時，停止飛機的勾住位置（所以我將這些加到我的美國薩拉託加號模型上）。從船尾甲板上看，我找到了最前端引人注目的電線安裝在後方五英寸AA（防空）火炮的安裝座前方約十英尺處。然後我走到船尾，發現那裡是六條引人注目的電線，以十六為單位隔開。「太棒了！」我明白了。我把尺寸記在一小紙條上，繼續尋找其他如五英寸AA炮設備、定距儀以及大型蒸汽動力彈射器的位置。我不確定它的位置或大小。而在飛行甲板上還有一個巨大的雷達陰影走過去不難，正好為我的模型找到準確的尺寸。因為沒有電彈射器；這在一九三一年就被拆除，後來由兩個液壓或蒸汽彈射器所取代。

我所有五十三個海軍艦船模型均以當時最新的船舶配置完成。薩拉託加也不例外，因此我必須繼續研究最新的武器和飛機，然後在模型完成之前把它們建造起來。美國標準的薩拉託加是一艘非常大的船。這給了我這個小男孩很深的印象，不僅是因為它的大小令人印象深刻，也因為它在戰爭中實際可已完成非常任務。這成為我收藏中最大的一艘船，也是讓我進入海軍情報局四年的主因。

本冊內容未完待續～敬請期待第二冊！

國家圖書館出版品預行編目（CIP）資料

外星人選中的科學家. 1, 外星秘密工作計畫 / 威廉.米爾斯.湯普金斯(William Mills Tompkins)著 ; 傅鶴齡譯.
-- 初版. -- 新北市：大喜文化有限公司, 2021.09
面； 公分. -- (星際傳訊 ; 1)
譯自 : Selected by extraterrestrials : my life in the top-secret world of UFOs,think tanks,and nordic secretaries.
ISBN 978-986-99109-7-2(平裝)

1.湯普金斯(Tompkins, William Mills) 2.不明飛行體 3.回憶錄 4.美國

785.28 110013806

星際傳訊 1

外星人選中的科學家①
外星秘密工作計畫
Selected by Extraterrestrials: My life in the top-secret world of UFOs, Think Tanks, and Nordic secretaries

---

作　　者：威廉・米爾斯・湯普金斯（William Mills Tompkins）
譯　　者：傅鶴齡
發 行 人：梁崇明
出 版 者：大喜文化有限公司
封面設計：大千出版社
登 記 證：行政院新聞局局版台省業字第 244 號
P.O.BOX ：中和市郵政第 2-193 號信箱
發 行 處：23556 新北市中和區板南路 498 號 7 樓之 2
電　　話：02-2223-1391
傳　　真：02-2223-1077
E-Mail：joy131499@gmail.com
銀行匯款：銀行代號：050　帳號：002-120-348-27
　　　　　臺灣企銀　帳戶：大喜文化有限公司
劃撥帳號：5023-2915，帳戶：大喜文化有限公司
總經銷商：聯合發行股份有限公司
地　　址：231 新北市新店區寶橋路 235 巷 6 弄 6 號 2 樓
電　　話：02-2917-8022
傳　　真：02-2915-7212
出版日期：2021 年 9 月
流 通 費：新台幣 399 元
網　　址：www.facebook.com/joy131499
I S B N：978-986-99109-7-2